Jesus

Eugen Biser

Jesus

Sein Lebensweg in neuem Licht

Verlag Friedrich Pustet
Regensburg

Bibliografische Information der Deutschen Nationalbibliothek

Die Deutsche Nationalbibliothek verzeichnet diese Publikation
in der Deutschen Nationalbibliografie;
detaillierte bibliografische Daten sind im Internet
über http://dnb.d-nb.de abrufbar.

www.pustet.de

ISBN 978-3-7917-2110-1
© 2008 Verlag Friedrich Pustet, Regensburg
Umschlaggestaltung: Martin Veicht, Regensburg
Umschlagmotiv: Ravenna, S. Apollinare Nuovo, Abendmahl
© akg-images, Berlin/Erich Lessing
Gesamtherstellung: Friedrich Pustet, Regensburg
Printed in Germany 2008

Inhalt

Meinem Freund,
Helfer und Weggefährten
Richard Heinzmann

Vorwort

Jesus in seinem Licht: Das ist der von allen anderen grundverschiedene Zugang dieses Jesusbuchs. Denn alle anderen setzen ihn in eine von außen kommende Beleuchtung, wie auch ich dies mehrfach versuchte, angefangen von meinem Jesusbuch „Der Helfer" bis hin zu meinem Hauptwerk „Einweisung ins Christentum". Nur zwei Schriften kamen der Intention dieses neuen nah: mein erstes Jesusbuch mit dem Titel „Das Licht des Lammes" und mein vorletztes, das dem „Antlitz" Jesu gewidmet war. Im Grunde setzen aber auch sie die Gestalt Jesu wie alle übrigen in eine Außenbeleuchtung.

Davon macht dieses Jesusbuch die große Ausnahme, indem es den Versuch unternimmt, Jesus, wie es der Johannesprolog gefordert hatte, in seinem eigenen Licht erstrahlen zu lassen. Insofern reflektiert es das Mysterium Jesu, von dem *Pascal* sprach. Dabei wählt dieser eine ausgesprochen dialogische Sprache, wenn er von Jesus sagt, Jesus sei ein Gott, dem man sich ohne Dünkel nähert und dem man sich ohne Verzweiflung beugt und wenn er ihn zuletzt sogar sagen lässt: „An dich dachte ich in meiner Todesangst; jene Blutstropfen habe ich für dich vergossen."

Die Sprache, in der Jesus in dieser Schrift zum Leser spricht, ist die der persönlichen Zuwendung, deutlicher noch gesprochen, sie stellt ihn in das von ihm selbst ausgehende und ihn darin sichtbar machende Licht. Es geht dabei, so kühn es klingen mag, um den Versuch einer Selbstreflexion Jesu. Doch wie kann man dazu einen Zugang gewinnen? Darauf gibt die Lebenserfahrung seit alters eine einzige Antwort: durch die bis auf den Grund durchgehaltene Liebe. Sie steigert sich bis zu dem

Geständnis: „Ich bin du", das aus der Verschmelzung des Liebenden mit dem Geliebten, wie es die spanische Mystik besang, hervorgeht. Doch lange vor ihr hat Paulus das Wort ergriffen, als er fragte: „Wer kann uns trennen von der Liebe Christi? Bedrängnis oder Not, Verfolgung, Hunger oder Kälte, Gefahr oder gar das Schwert?" Und als er darauf antwortete: „Ich bin gewiss, dass weder Tod noch Leben, weder Engel noch Mächte, weder Gegenwärtiges noch Zukünftiges, weder Gewalten der Höhe noch der Tiefe noch irgendeine andere Kreatur uns trennen können von der Liebe Gottes, die in Christus Jesus ist, unserm Herrn" (Röm 8, 33.38 f). Was Paulus damit bekennt, wird zum Ereignis im Glück der Einwohnung Christi, das in einem Rollentausch des Liebenden mit dem Geliebten gipfelt, sodass dieser nun wirklich an die Stelle des Geliebten tritt und dies mit der Folge, dass er in neuem, d. h. in *seinem* Licht gesehen werden kann. Es geht dabei, anders und radikaler noch ausgedrückt, um den Versuch, Zugang zur Selbstreflexion Jesu zu gewinnen und ihn in seinem eigenen und von ihm selbst ausgehenden Licht zu sehen. Ob das gelingt, kann nur die Gegenprobe zeigen. Die kann nur in einer alles, aber auch alles durchglühenden Liebe bestehen. Sie kann man nicht fordern, sondern sich nur, wie es ihr zuinnerst entspricht, von ihr beschenken lassen. So will das damit eingeführte Buch dann auch tatsächlich angenommen und verstanden werden: als das Zeugnis des großen Geschenks, das Jesus gegenüber jedem Aufnahmebereiten mit sich selber macht. Nur dann kann er in seinem eigenen Licht gesehen und mit der von ihm ausgehenden und von ihm geschenkten Liebe geliebt werden.

Die Kindheitsgeschichte

In der Wahl zwischen der spröderen Kindheitshaggada nach Matthäus und der bildhaft narrativen des Lukasevangelisten hat sich die christliche Tradition, bekräftigt vom Zeugnis der Kunst und des volksnahen Brauchtums, für die lukanische entschieden. Sie sprach das religiöse Empfinden nicht nur durch die Verkündigungs- und Krippenszene besonders an, sondern zeichnet sich, genauer besehen, auch durch die Kunst ihrer Gestaltung aus. Als sei Lukas nicht nur, wie ihn *Rogier van der Weyden* im Gefolge vieler anderer sieht, der mit der Palette seiner Sprache arbeitende Madonnenmaler, sondern auch ein virtuoser Komponist, entwickelt er sein Thema mit einer Variationenfolge über das Grundmotiv „Sohn Gottes". Jede Szene erzählt dieselbe Geschichte von neuem, um die weltbewegende Tatsache der Geburt des Messias ans Licht zu heben. Keine setzt die vorige wirklich voraus, sodass die Botschaft jedesmal mit begreiflichem Staunen aufgenommen wird.

Nach dem Präludium mit der sorgfältig von der Verkündigungsszene abgehobenen Episode von der Ankündigung der Geburt des Johannes an Zacharias (Lk 1,5–25) setzt die Abfolge mit dem Besuch des Engels bei Maria ein, die, anders als Zacharias, nicht über seine Erscheinung, sondern über seine Botschaft erschrickt und darauf, bei aller Demut, ebenso erstaunt wie selbstbewusst antwortet (Lk 1,26–38).

Bei der Begegnung der beiden Mütter ist es der ungeborene Johannes, der Elisabet zur Seligpreisung Marias und ihres

Glaubens veranlasst (Lk 1,41–45). Mit ihrem Magnifikat reagiert Maria enthusiastisch auf die an sie ergangene Botschaft (Lk 1,4–56).

In der Weihnachtsszene übernehmen die durch das „himmlische Heer" in Kenntnis gesetzten Hirten die Rolle der Engel. Als den ihnen bezeichneten „Messias und Herrn" (Lk 2,11) finden sie das in Windeln gewickelte Kind in der Futterkrippe (Lk 2,16). Ihre Erzählung löst, auch bei Maria und „allen, die es hörten", fassungsloses Staunen, bei Maria selbst neuerliches Nachdenken aus (Lk 2,18 f).

Bei der Darstellung im Tempel übernimmt der vom Gottesgeist erleuchtete Simeon die Rolle des Botschafters (Lk 2,22–38). Sein Wort löst bei den Eltern Jesu staunende Betroffenheit aus, die sich alsbald bei der Ankündigung des die Seele der Mutter durchdringenden Schwertes in Schmerz und Schrecken verwandelt (Lk 2,34 f). Das setzt sich unmittelbar in die folgende Szene fort.

In dieser Perikope vom Tempelbesuch des Zwölfjährigen ist es dieser selbst, der den Vorwurf der Mutter mit der „Erinnerung" zurückweist: „Wusstet ihr nicht, dass ich dorthin gehöre, wo mein Vater ist?" (Lk 2,49). Doch vertauscht er die familiäre Zugehörigkeit nur für einen Augenblick mit der göttlichen, um alsbald wieder in jene zurückzukehren. Damit gibt er Maria erneut Anlass zur reflektierenden Erwägung des Erlebten (Lk 2,51).

Die Taufe

Nur Lukas ist ein, wenngleich flüchtiger, Blick in die Werde- und Bewusstseinsgeschichte des Heranwachsenden zu danken. Rückschlüsse führen zu dem Ergebnis, dass er sich schließlich der Täuferbewegung anschloss und zu Johannes in ein Schülerverhältnis trat. Nach weiteren Hinweisen scheint dieser, wohl in Vorahnung seines Martyriums, in ihm seinen Nachfolger gesehen zu haben. So spiegelt es sich insbesondere in der Anfrage des Täufers (Lk 7,18–23), die zugleich auf dessen wachsende Verunsicherung schließen lässt. Seine Boten fragen Jesus: „Bist du es, der kommen soll, oder müssen wir (doch noch) auf einen anderen warten?" (Lk 7,20). In seiner Antwort verweist Jesus auf seine therapeutische Tätigkeit, die keineswegs der Gerichtserwartung des Täufers entspricht, und der er deshalb angesichts ihrer Unerfindlichkeit die erste seiner Seligpreisungen hinzufügt: „Selig, wer an mir keinen Anstoß nimmt!" (Lk 7,23).

Die Vorgeschichte kulminiert schließlich in dem gemeinhin als Initiations-, wenn nicht gar als Berufungserlebnis geltenden Bericht von der Taufe Jesu zu Beginn seiner öffentlichen Tätigkeit. So bei *Ulrich Wilckens*, für den der Bericht vom himmlischen Zuspruch der Gottessohnschaft auf ein „tatsächliches Offenbarungswiderfahrnis" Jesu zurückgeht, in dem er „sich selbst als Sohn Gottes, seines himmlischen Vaters", begreifen lernte und dadurch „im Kreis der von Johannes Getauften eine herausragende Bedeutung" erlangte. So entspricht es tatsächlich dem ältesten, von Markus überlieferten Taufbericht:

Als er aus dem Wasser stieg, sah er, wie sich der Himmel öffnete und der Geist wie eine Taube auf ihn herabkam. Und aus dem Himmel sprach eine Stimme: Du bist mein geliebter Sohn; an dir habe ich mein Wohlgefallen. (Mk 1,10 f)

Dagegen sperrt sich jedoch schon, ungeachtet seiner Stilisierung, der Lukasbericht, der das Geschehen als ein Gebetserlebnis Jesu ausweist (Lk 3,21). Und vollends spricht die Tatsache dagegen, dass Jesus nach beiden Referenten (Mk 1,11; Lk 3,22) der einzige Hörer der Himmelsstimme war, und dass von einer Mitteilung an andere nirgendwo die Rede ist. Bei Berücksichtigung dieser Fakten ist die Taufszene eindeutig als Rückprojektion zu verstehen, jedoch nicht, wie *Rudolf Bultmann* annahm, der Verklärung Jesu, sondern der von dieser antizipierten Auferstehung. Denn durch diese wird Jesus nach der von Paulus übernommenen und an die Spitze seines Römerbriefs gesetzten Formel „eingesetzt zum Gottessohn mit Macht durch die Auferstehung von den Toten" (Röm 1,4). Was in der lukanischen Kindheitshaggada nur schattenhaft heraufdämmert – die Würde des Gottessohnes –, tritt hier in seine volle Beleuchtung. Doch was entspricht dem im lebensgeschichtlichen Ablauf der Jesusvita? Wann erfuhr sich Jesus definitiv, Vorgriffe durchaus eingerechnet, als der vom Vater geliebte Sohn Gottes?

Definitiv, als sich sein Verhältnis zum Tod von Grund auf änderte! Das aber geschah, als er (nach Lk 9,51) „seinen Blick

12

fest darauf richtete", nach Jerusalem, der Stadt seines voraus-
sehbaren Sterbens, zu gehen; denn er wusste:

Jerusalem, Jerusalem, du mordest die Propheten und steinigst die
zu dir Gesandten! Wie oft wollte ich deine Kinder um mich scharen,
so wie eine Henne ihre Küken unter die Flügel nimmt: Ihr aber habt
nicht gewollt! (Lk 13,34)

Nach *Jack Miles* wäre das der Weg in den Selbstmord gewesen, wenn sich dabei das Verhältnis Jesu zum Tod und dem
ihn auferlegenden Gott nicht grundlegend gewandelt hätte.
So sehr der Tod auch für Jesus zunächst der Inbegriff der
Vernichtung, des Schreckens und der Bitterkeit ist, lichtet er
sich für ihn jetzt in einer Weise auf, dass er ihn nicht mehr
als unannehmbare Zumutung, sondern, mit einem Wortspiel
ausgedrückt, als einladende Anmutung empfindet, und dies
jenseits der dem Todesmotiv ohnehin zugrundeliegenden
Ambivalenz, die den Tod immer schon ebenso als Vernich-
ter wie als Befreier erscheinen lässt. Gleichzeitig hört aber
auch Gott für ihn auf, der ihm den Tod zumutende Herr
über Leben und Tod zu sein; und er wird für ihn (nach
Lk 15,20–24) zum liebenden Vater, der ihm entgegenkommt,
um ihn in die Geborgenheit des Vaterhauses aufzunehmen.
Es ist die Umarmung des Vaters, der ihm das Urwort seiner
definitiven Gottesbeziehung, das „Abba – Vater!", eingibt
und das er dem ihn Küssenden förmlich von den Lippen
abliest. In dieser Umarmung wurde der Todesgedanke für
ihn zu einem abziehenden und der Abendröte weichenden
Gewitter, und der Tod – anstatt zu dem über jeden Sterb-

13

lichen hereinbrechenden End-Schicksal – zum Anfang eines neuen in der Liebe Gottes geborgenen Lebens. Die ihm angelegten Insignien – Schuhe, Siegelring und Festgewand (Lk 15,22) – aber bezeichnen die Investitur des Heimkehrers und seine Einsetzung in die Sohneswürde, oder, mit Paulus gesprochen, die Zusage:

So bist du nicht mehr Knecht, sondern Sohn, wenn aber Sohn, dann auch Erbe durch Gott. (Gal 4,7)

Mit dem Eintritt ins Vaterhaus, verstanden als Eintritt in den Machtbereich der Auferstehung, fallen die Grenzen von Raum und Zeit, zusammen mit allen kategorialen Bedingungen, von Jesus ab, sodass Präexistenzaussagen (wie 1 Kor 8,6) von ihm gemacht werden können. Das gilt aber bereits von der Vorwegnahme seines Endes auf dem Weg nach Jerusalem und dessen symbolischer Antizipation beim letzten Abendmahl. Aus diesem Grunde konnte sein Erwachen zur Sohnschaft schon in der Lebensgeschichte verankert werden. Dafür bot sich am sinnvollsten der Beginn seiner öffentlichen Tätigkeit an. So erklärt sich die Taufszene. Die dabei ertönende Himmelsstimme fasst seine „Einsetzung zum Gottessohn mit Macht" durch die Auferstehung von den Toten in Worte. Jetzt konnte er dann aber auch mit der Rückendeckung seiner Sohnschaft ans Werk gehen. Denn mit der himmlischen Zusage war eine irdisch-menschliche Aufgabe verbunden. Er musste, einfacher ausgedrückt, ins Werk setzen, was er war.

Die Aufgabe

Jesus verkündet nicht "etwas", sondern sich selbst als Sohn/Kind Gottes... .... Reich Gottes

Durch den himmlischen Zuspruch sieht sich Jesus vor die denkbar größte Aufgabe gestellt: das, was er diesem Zuspruch zufolge ist, weltweit bekannt zu machen und weiterzugeben. Ihm stellt sich eine Aufgabe, die er, wesentlicher begriffen, nicht nur *hat*, sondern *ist*. Das verdeutlicht der Johannesprolog mit der These:

Keiner hat Gott je gesehen; doch der einzige, Gott, der am Herzen des Vaters ruht: er hat uns Kunde gebracht. (Joh 1,18)

Er kommt vom – überströmenden – Herzen Gottes, dem Quellgrund der Liebe. Und seine Sendung besteht darin, die Welt von dem in Kenntnis zu setzen, was kein Forscher ergründete, kein Mystiker erfuhr und kein Prophet jemals verkündete, weil es nur ihm, dem Sohn (nach Lk 10,22), übergeben war. Aus der Sicht des Empfängers stimmt sich Paulus darauf mit dem Bekenntnis ein:

Was kein Auge geschaut, kein Ohr vernommen und keines Menschen Herz jemals empfunden hat, blieb denen vorbehalten, die ihn lieben. (1 Kor 2,9)

Was Jesus zu sagen hat, entstammt dem Quellgrund und dem Inbegriff der ewigen Liebe. Und seine Sendung ist ein Selbsterweis dieser Liebe. Als der wie kein anderer Eingeweihte ist er zugleich deren Sendbote und Botschafter, <u>Beschenkter und</u> <u>zur Übereignung dieses Reichtums Beauftragter.</u> Diese Folgerung ist gleichbedeutend mit einem diakritischen Prinzip:

Mag sich sein Wort noch so oft zur Drohung verdüstern; es bleibt eine Selbstaussage der Liebe und muss nach diesem Goldgrund befragt und auf ihn zurückgeführt werden.

Doch mit dieser Aufgabe stellt sich Jesus zugleich ein schwerwiegendes Problem. Mit dem Anspruch, der Gottessohn zu sein, kann er nicht vor die Menschen seines jüdischen Umfelds hintreten, ohne der Blasphemie und damit eines todeswürdigen Verbrechens bezichtigt zu werden. Symptomatisch ist dafür das Wechselgespräch des johanneischen Jesus mit seinen aufgebrachten und zum Äußersten entschlossenen Gegnern:

Viele gute Werke habe ich im Auftrag meines Vaters vor euren Augen vollbracht; für welches dieser Werke wollt ihr mich steinigen? Die Juden antworteten ihm: Wir steinigen dich nicht wegen eines guten Werkes, sondern wegen Gotteslästerung; denn du bist nur ein Mensch und machst dich selbst zu Gott. (Joh 10,32 f)

In der Konsequenz dessen sieht sich Jesus vor die zusätzliche Aufgabe gestellt, nach einem Mittelbegriff Ausschau zu halten, der es ihm erlaubt, seine Botschaft in einer Weise auszurichten, dass sie seinen Anspruch in vollem Umfang aufrecht erhält, doch ohne damit auf sofortigen Widerstand und tödlichen Hass zu stoßen. Diesen Begriff bietet ihm die prophetische Tradition in Gestalt der Vokabel „Reich Gottes". Indem er ihn übernimmt, füllt er ihn zugleich mit dem „neuen Wein" seiner Botschaft (Mk 2,22), konkret gesprochen mit sich selbst. Auf die bis heute kontrovers diskutierte Frage nach Sinn und Inhalt der von da an ins Zentrum seiner Botschaft rückenden Vokabel gibt es daher nur die eine legitime, schon von *Markion* vorweggenommene und von *Origenes* bestätigte Antwort: Er selbst ist es, er als das Gottesreich „in Person" *(autobasileia)*, während dieses umgekehrt als seine soziale Selbstdarstellung zu gelten hat.

Da es Problemen eigen ist, andere nach sich zu ziehen, folgt auch bei Jesus dem ersten ein weiteres auf dem Fuß. Auf den Einwurf der Pharisäer, wann denn das von ihm angesagte Gottesreich komme, antwortet Jesus den Fragestellern:

Das Reich Gottes kommt nicht in spektakulärer Gestalt. Man kann auch nicht sagen: Seht, hier ist es, oder: dort! Denn das Gottesreich ist in eurer Mitte. (Lk 17,20)

Danach kann das Gottesreich weder in das Koordinatensystem von Raum und Zeit eingebracht noch auf eine bestimmte Erscheinungsform festgelegt werden; vielmehr bedarf es einer seinem Charakter als „Sprachereignis" *(Ernst Fuchs)* angemessenen Form der Vergegenwärtigung. Es ist „im Kommen", doch kommt es vor allem im informativen und performativen Wort seines Künders. Dieser Bedingung entspricht Jesus, der ungeachtet seiner religions- und sozialgeschichtlichen Bedeutung auch als Sprachschöpfer gewürdigt werden muss, durch die Schaffung seiner Gleichnisse. In ihnen spricht er in weltlicher Weise von Unweltlichem und in dinglicher Weise von sich selbst. Durch sie verhilft er den Rezipienten zu der für das Verständnis des Gottesreiches unerlässlichen Denkwende. Durch sie nimmt er die Hörer in seine eigene Denkwelt und in sich selbst hinein, um sie so auf neue Weise zu sich kommen zu lassen. Durch sie macht er die Welt zu einer Metapher seiner selbst. In dieser Deutlichkeit wird dies nur an wenigen sichtbar. Doch in den beiden lukanischen Gleichnissen vom dienenden Herrn (Lk 12,35–38) und vom fürbittenden Weingärtner (Lk 13,6–9) entfernt sich der Erzähler so weit von aller Realität, dass sie nur als seine gleichnishaften Selbstdarstellungen begriffen werden können. In ihnen erfüllt er den Gebetswunsch: „Dein Reich komme!" (Lk 11,2), indem er sich selbst in seinem Wort vergegenwärtigt.

Um dasselbe wie in den Gleichnissen geht es Jesus auch in seinen Wundertaten. Auch sie sind in seiner Sicht Zeichen des nahenden Gottesreiches. Den Gegnern, die ihn bezichtigen, bei seinen therapeutischen Großtaten im Satansbund zu stehen, hält er entgegen:

Wenn ich aber durch den Finger Gottes die Dämonen austreibe, ist das Reich Gottes doch schon zu euch gekommen. (Lk 11,20)

Danach verfügt Jesus nicht nur über die Fähigkeit, seinem Wort durch dessen performative Zuspitzung wie insbesondere in Gestalt seiner Seligpreisungen besonderen Nachdruck zu verleihen, sondern in Form seines Wunderwirkens auch über eine eigene „Tatsprache", die den Anbruch des Gottesreiches ebenso signalisiert wie begünstigt. Grund genug, ihn in Überwindung der bisherigen Engführung gerade auch als herausragende Gestalt der menschlichen Sprachgeschichte zu würdigen.

Die Wüste : "*visionäres Nah.leben*" *der Taufe ~ (S.24)*

Auf den Bericht von der Taufe Jesu folgt bei den Synoptikern der von seinem Wüstenaufenthalt, der gemeinhin mit der Versuchungsszene gleichgesetzt wird. Von dieser Gleichsetzung unterscheidet sich jedoch die Matthäusversion, die die Attacke des Versuchers erst am Ende des vierzigtägigen Fastens einsetzen lässt (Mt 4,2 f). Auf das Geschehen der Zwischenzeit verweist die Bemerkung des Markusevangelisten, wonach Jesus vom Geist in der Wüste „umgetrieben" wurde (Mk 1,12), sofern daraus auf ein „Umgetriebensein" zurückgeschlossen werden darf. Dann aber muss der Wüstenaufenthalt Jesu in erster Linie als eine Inkubationszeit zum Ziel der Verarbeitung seines Tauferlebnisses verstanden werden, analog zu dem, was auch von Buddha berichtet wird und was Paulus für sich mit dem Wort bestätigt, dass er nach seiner Damaskusvision „nicht sogleich nach Jerusalem zu denen hinaufging", die schon vor ihm Apostel waren, sondern dass er sich „nach Arabien begab", um von dort wieder nach Damaskus zurückzukehren (Gal 1,17).

Um im Stil der narrativen Antizipation der „Einsetzung zum Gottessohn" zu bleiben, muss der Zuspruch der Himmelsstimme wie ein Blitz in die Seele Jesu eingeschlagen sein. Er bedarf daher der Wüsteneinsamkeit, um sich des Zugesprochenen voll bewusst zu werden und es, auch gegen Selbstzweifel, zu verarbeiten. Gemessen an dem, was dem Zwölfjährigen bei seinem ersten Tempelbesuch widerfuhr, kommt das dem Durchbruch von einem emotionalen Erlebnis zu einer überwältigenden Gewissheit gleich. Was damals nur Erfahrung einer neuartigen Zugehörigkeit war, verdichtet sich jetzt zu einer förmlichen Zusage, und dies, wie der Lukasevangelist betont, in Form eines dialogischen Gebetserlebnisses (Lk 3,21). Das legt sogar die Annahme nahe, dass es sich um eine von der Taufe unabhängige Szene handelt, zumal Jesus der einzige Zeuge des Geschehens ist *(Ludger Schenke).* Dem entspricht in Markus auch die Kulisse: wilde Tiere und dienende Engel (Mk 1,13), Motive, die eine nachgerade paradiesische Szene suggerieren. Die Szene erinnert an das *Pascal*wort:

Der Mensch ist weder Engel noch Tier; doch sein Unglück will es, dass immer dann, wenn er den Engel erstrebt, er das Tier aus sich macht. (Frgm. 358)

Doch Jesus will sich nicht zum Engel überhöhen; vielmehr wird er durch den Zuspruch (nach Hebr 1,4) über alle Engel erhoben. Denn zu welchem Engel hätte Gott jemals gesagt:

Mein Sohn bist du, heute habe ich dich gezeugt, und: Ich will für ihn Vater sein, und er wird für mich Sohn sein? (Hebr 1,5)

In das Glück dieses Erhobenseins mischen sich jedoch unvermeidlich Zweifel, wie sie dem Zwölfjährigen bereits durch den Vorwurf der Mutter insinuiert wurden, warum er seinen Eltern den Schmerz der dreitägigen Suche nach ihm zufügte (Lk 2,48). Die Zugehörigkeit zu Gott zieht eine Entfremdung gegenüber der bisherigen Beheimatung in Familie und Volk nach sich. Und dies wird sich fortsetzen bis zu dem Wort, mit dem Jesus einem Bewerber um die Jüngerschaft – fast wie in einer Anspielung auf die Wüstensituation – zu bedenken gibt:

Die Füchse haben ihre Höhlen und die Vögel ihre Nester. Der Menschensohn aber hat keinen Platz, wo er sein Haupt hinlegen könnte. (Lk 9,58)

Doch die Entrückung in den göttlichen Bereich hat ein noch schwereres Problem im Gefolge. Denn mit der Bodenhaftung verliert Jesus auch die Anhaltspunkte seiner menschlichen Identitätsfindung. Auch für ihn galten die Grundworte Ich-Du und Ich-Es, auf deren Basis die Identität nach *Martin Buber* zustande kommt. Auch er fand demnach in der Unterscheidung und Abgrenzung von Anderen und Anderem zu sich selbst. Mit der wachsenden Distanzierung von seiner angestammten Lebenswelt gehen ihm jedoch diese Bezugsgrößen verloren. Wie soll er im göttlichen Bereich zu sich selbst kommen? Im Johannesevangelium hat sich eine Spur der einsetzenden Entfremdung erhalten, wenn es von Jesus heißt:

Er aber, Jesus, vertraute sich ihnen nicht an, denn er kannte sie alle. Er brauchte von keinem ein Zeugnis über den Menschen, weil er wusste, was im Menschen war. (Joh 2,24 f)

Bei aller Distanzierung deutet die Stelle aber auch schon auf eine andere Form der Identitätsfindung hin, die vor allem von *Søren Kierkegaard* und von ihm im Blick auf die vom Johannesevangelium beschriebene Lebenskrise Jesu (Joh 6,60–66)

21

erschlossen wurde. Danach findet Jesus auf dem der gewohnten Identitätsfindung entgegengesetzten Weg, also durch Akte der Hingabe und Selbstübereignung zu sich. Je bewusster er diesen Weg beschreitet, desto mehr nähert er sich jener höchsten Form der Selbstfindung an, die ihm die Himmelsstimme mit dem Zuspruch „Du bist mein geliebter Sohn" eröffnete, und auf die er schließlich mit der Anrufung „Abba – Vater" eingeht. Doch der Weg dahin war für ihn, wie er es vom Zugang zum Gottesreich sagt (Mt 7,14), schmal und schwer zu beschreiten, konkret gesprochen: voller Bedenken und Selbstzweifel. Daran knüpft die Versuchungsszene an, die in drei, teilweise stark von einander abweichenden Fassungen, darunter der bereits vorausgehenden des Markusevangelisten, überliefert ist.

Die Versuchung

Von dem Härtetest, dem Jesus auf Antrieb des Geistes unterworfen wird, berichtet die älteste, von Markus gebotene Version:

Danach wurde Jesus vom Geist in die Wüste getrieben. Dort blieb er vierzig Tage lang und wurde vom Satan in Versuchung geführt. Er lebte unter wilden Tieren, und die Engel dienten ihm. (Mk 1,12 f)

Davon unterscheiden sich die beiden elaborierten Fassungen, die eskalierende nach Matthäus und die dramatische nach

Lukas. Die erste steigert sich von Brot (Mt 4,3) zu Ruhm (Mt 4,6) und Macht (Mt 4,9), die zweite, wie erst im Nachhinein deutlich wird, von Brot (Lk 4,3) zu Macht (Lk 4,6) und Tod (Lk 4,9). Die jeweilige Eskalation vorausgesetzt, fragt es sich, was für Jesus in der Lukasversion noch betörender sein konnte als die in dieser besonders attraktiv beschriebenen Versuchung zur Weltherrschaft. Die Antwort ergibt sich aus der unausdrücklichen Drohung, die mit dem Fall der Ablehnung verbunden ist. Wer die Chance der Weltherrschaft von Satans Gnaden ausschlägt, wird den Weg der Verkennung, Ablehnung und Verwerfung mit dem Endziel eines schrecklichen Todes beschreiten müssen. Dem bleibt aus menschlich-teuflischer Optik nur eine Chance: „Stürz dich da hinab!" (Lk 4,9), die Chance des selbstgewählten sanften Todes.

Demgegenüber endet die ursprüngliche Markusversion mit der Beschwörung einer geradezu paradiesischen Szenerie: Er lebte unter wilden Tieren, und die Engel dienten ihm (Mk 1,13). Das ist die idealisierte, um nicht zu sagen mit Dichterblick geschaute Wüstenlandschaft, die in dieser Sicht nicht umsonst an den uranfänglichen Garten mit den Bäumen, Sträuchern und der Schlange erinnert. Von da gehen zwei nur undeutlich erkennbare aber wichtige Spuren aus. Die eine führt in die Sprachwelt Jesu, konkret zu der Frage, wo die Stoffwahl seiner Bildworte und Gleichnisse ihren Ausgang nahm. Es fällt auf, dass sich in den Bildworten gehäuft Motive aus der Wüstenlandschaft finden. Neben den „Lilien des Feldes", den Anemonen, die Füchse und Geier, die Tauben und Schlangen, die Steine und die unter ihnen versteckten Skorpione. Ebenso gibt es in den Gleichnissen die wasserlosen Gegenden, die der aus seinem Haus vertriebene Dämon durchirrt (Lk 11,24 ff) und in die sich das verlorene Schaf verirrt, das der sorgende Hirt auf den Schultern zur Herde zurückträgt (Lk 15,4 ff).

Die zweite, durch das Motivwort „Engel" gewiesene Spur führt zu der noch offenen Frage, wie Jesus zum Zentralbegriff seiner Botschaft vom „Reich Gottes" gelangte. Als Hinweis bietet sich das Schlusswort der johanneischen Perikope von der Jüngerberufung an:

Ihr werdet den Himmel offen und die Engel Gottes über dem Menschensohn auf- und niedersteigen sehen. (Joh 1,51)

Mit ihrem Schlüsselwort verweist die Stelle auf die Menschensohn-Vision des Buches Daniel, in der „einer wie ein Menschensohn" vor den Thron des „Hochbetagten" gebracht und von diesem beauftragt wird, das Reich Gottes heraufzuführen (Dan 7,14). Die johanneische Aussage legt den Gedanken nahe, dass es in der Bewusstseinsgeschichte Jesu den Augenblick gegeben haben muss, in dem ihm „aufging", dass er mit der Himmelsgestalt des Menschensohnes selbst gemeint war, und dies mit der Folge, dass dessen Aufgabe, das Reich Gottes heraufzuführen, nunmehr in seine Hand fiel. Wie im Fall des Apostels Paulus die Damaskusvision ein ekstatisches Nachspiel in Gestalt seiner Entrückung in den „dritten Himmel" hatte (2 Kor 12,2 ff), muss es dann auch im Falle Jesu ein visionäres „Nachbeben" seines Tauferlebnisses gegeben haben, in dem er sich in der Gestalt des Menschensohnes

24

wiedererkennen und mit dessen Auftrag bestimmt sehen lernte. Auch die Tatsache, dass sich der johanneische Jesus doppelgängerhaft – sowohl in Richtung auf seinen „Freund" Lazarus als auch hinsichtlich des Lieblingsjüngers – entzweit, deutet in diese Richtung.

Das Sprachereignis

Nach Markus beginnt Jesus sein Lebenswerk mit der Ankündigung:

Die Zeit ist erfüllt, und das Reich Gottes ist nah, kehrt um und glaubt an die Heilsbotschaft! (Mk 1,15)

Mit dem Aufruf zur Metanoia legt er bereits den Akzent auf das innovatorische Moment seiner Botschaft. Das bekräftigt er durch eine Absage und eine Warnung. Die Absage bezieht sich auf den durch Fasten gekennzeichneten Frömmigkeitsstil seiner pharisäischen Gegner, denen er vorhält:

Können denn die Hochzeitsgäste fasten, solange der Bräutigam bei ihnen weilt? Solange der Bräutigam bei ihnen ist, können sie nicht fasten! (Mk 2,19)

Mit ihm ist die Freudenzeit angebrochen, die keine Askese duldet, die „Hochzeit von Himmel und Erde". Nichts wäre verfehlter – so nun die Warnung – als der Versuch, den neuen Wein seiner Botschaft in die Gefäße der alten Denk- und Lebensformen zu gießen; denn:

Niemand füllt neuen Wein in alte Schläuche. Sonst zerreißt der Wein die Schläuche und Wein wie Schläuche sind verloren. Neuer Wein gehört in neue Schläuche! (Mk 2,22)

Das veranlasst die Zuhörer zu dem staunenden Ausruf:

Was ist das? Eine neue Lehre; und sie wird mit Vollmacht vorgetragen! (Mk 1,27)

Das sind Worte von einer Wucht, die den Anbruch einer neuen Weltzeit ankündigt. Aus seiner Sicht kommentiert Paulus das mit dem Wort:

Wer in Christus ist, ist eine neue Schöpfung. Das Alte ist vergangen. Neues ist geworden. (2 Kor 5,17)

Dabei reflektiert Jesus weder auf seinen Gottesgedanken noch auf sich selbst. Vielmehr setzt er ganz auf die innovatorische Kraft seiner Verkündigung. Insofern gilt hier der Schlüsselsatz *Marshall McLuhans:* The medium is the message. Danach ist das Medium und mit ihm die promulgierende Sprache die von ihm ausgehende Botschaft. Und dies umso mehr, als Jesus über eine ausgesprochene „Doppelsprache" verfügt. Einerseits über Worte, die nicht nur, wie *Friedrich Nietzsche* es von seinen Buchstaben behauptete, im metaphorischen Sinn, sondern tatsächlich „Blinde sehend" machten, oder, in seiner eigenen Sprache ausgedrückt:

Feuer auf die Erde zu werfen, bin ich gekommen; und was will ich anderes, als dass es brenne? (Lk 12,49)

Andererseits verfügt er über die Fähigkeit, mit Taten zu reden. Denn das ist die von Jesus erhoffte Wirkung seiner Wundertaten, dass sie in der ihnen eigenen Beredsamkeit den bereits eingetretenen Anbruch des Gottesreiches proklamieren (Lk 11,20). Das Lebenswerk Jesu hat somit, in der Terminologie von *Ernst Fuchs* gesprochen, primär den Charakter eines „Sprachereignisses", vergleichbar dem großen Eingangssatz des Johannesevangeliums: „Im Anfang war das Wort" (Joh 1,1), das, entgegen dem Irrtum Fausts, keine Alternative duldet, weil in und mit ihm, sofern es nur in seiner primordialen Anfänglichkeit erfasst wird, bereits alles gesagt ist. Denn es ist, anders als sein Fehlübersetzer will, bereits „voller Sinn"; als Wort, „das alles wirkt und schafft", ist es bereits der Inbegriff der „Kraft"; und in seiner performativen Bedeutung erfasst, ist es schließlich sogar die stets neu getätigte „Tat".

Abba – Vater

Doch Jesus macht den Anfang nicht in Wort und Reflexion, sondern, zumal nach Ausweis des Lukasevangeliums, im Gebet. So entspricht es seinem Bedürfnis, den an ihn ergangenen Zuspruch „Du bist mein geliebter Sohn" aus tiefster Dankbarkeit zu beantworten. Dieser Dank verfasst sich in seinen – den Todesschrei antizipierenden – Urschrei: „Abba – Vater!" Er ist für ihn zugleich der Urschrei der neuen, aus

27

dem Geist der Gotteskindschaft hervorgegangenen Schöpfung und damit der gesamten von ihm geprägten Lebenswelt. Bezeichnend dafür ist die Tatsache, dass er im Lukasevangelium die im Grunde nur ihm zustehende Gottesanrede den Seinen in den Mund legt und sie sich so zweifach zueigen macht:

Wenn ihr betet, dann sagt: Vater; dein Name werde geheiligt; dein Reich komme! (Lk 11,1 ff)

Dabei legt er die Heiligung des göttlichen Namens, verstanden als dessen weltweite Verkündigung, wie das passivum divinum zeigt, in die Hand des zu Heiligenden, während er vom Kommen des Gottesreiches wie von der Ankunft einer Person spricht. Anders der Hintergrund im Fall der paulinischen Wiederholung dieser Anrufung:

Ihr habt doch nicht den Geist der Knechtschaft empfangen, sodass ihr euch aufs Neue fürchten müsstet, sondern den Geist der Sohnschaft, in dem wir rufen: Abba – Vater! (Röm 8,15)

Unverkennbar wird hier die von den Glaubenden mitvollzogene Gottesanrufung Jesu von einer Religiosität der Heteronomie und Furcht abgegrenzt. Wer im Geist Jesu zu Gott „Vater!" sagt, hat damit aber nicht nur eine religionsgeschichtliche Spezialform wie insbesondere die jüdische (*Martin Buber*), sondern die gesamte im Zeichen der Heteronomie stehende Religionsgeschichte hinter sich gelassen und sich einem neuen, in dieser Form nie dagewesenen Gottesverhältnis verschrieben. Gott hat für ihn aufgehört, der Inbegriff des

Mysterium tremendum oder gar, in christologischer Sicht, der Rex tremendae maiestatis zu sein, während die Erfahrung seiner bedingungslosen Liebe, in die er sich mit seiner kindlichen Anrufung hineintastet, seine ganze Denk- und Gefühlswelt überströmt. So vollzieht er auf seine subjektive Weise die religionsgeschichtliche Großtat Jesu nach, die nach der Nacht des nahezu dämonisch gesehenen und gefürchteten Gottes den Sonnenaufgang seiner „Güte und Menschenfreundlichkeit" (Tit 3,4) herbeiführte. Unter dem wärmenden Licht dieser Sonne fielen von den Menschen, wie es insbesondere die Zeugen des ersten Auftretens Jesu empfanden, die Lasten und Zwänge ab, die ihnen (nach Lk 11,46) zuvor aufgebürdet worden waren. Für die Adressaten der paulinischen Botschaft in der Heidenwelt aber besagte das, dass der Terror der „Weltelemente", verstanden als die Götter und Menschen niederzwingende Schicksalsangst, von ihnen abfiel, sodass sie erstmals frei und selbstbewusst aufatmen konnten. Diese „Entlastung" *(Franz Reisinger)* ermöglichte den von Paulus angeführten Siegeszug des Christentums durch die antike Welt (1 Kor 15,24 ff; 2 Kor 10,4 ff). Noch offen ist dagegen die Frage, wann diese Liebes- und Freiheitsbotschaft sich endlich auch im Raum der Christenheit durchsetzt. Denn ihr stehen die zahlreichen manifesten und unterschwelligen Abhängigkeiten des heutigen Menschen, darunter insbesondere die in ihrer Macht noch viel zu wenig durchschaute Medienabängigkeit entgegen. Heute gilt unglücklicherweise nicht mehr das Schillerwort, dass der Mensch frei ist „und wär' er in Ketten geboren", da ihn die vielfältigen „Ketten" nicht zum Bewusstsein seiner Freiheit und seiner Fähigkeit zu personaler Selbstbestimmung kommen lassen.

Doch wer ist das Subjekt der Anrufung? Nach dem im Auftakt zum Vaterunser gegebenen Hinweis – „wenn ihr betet" – nicht der einzelne Beter, sondern die Gemeinschaft der Betenden. So sah es *Ernst Käsemann,* als er die Abba-Anrufung als ekstatischen Schrei, wie er in der Gemeindeversammlung der Urkirche ertönte, ausmachte. Und so sah es insbesondere *Johann Adam Möhler,* als er, womöglich im Blick auf einen von *Friedrich Schiller* aufgenommen Gedanken *Johann Wolfgang von Goethes,* in seiner Schrift „Einheit in der Kirche" die Überzeugung vertrat, dass nicht schon der Einzelne, sondern erst die Gemeinschaft der einander in Glaube und Liebe Verbundenen als das wahre Subjekt der Gotteserkenntnis zu gelten habe. Wie steht es dann aber um das „Objekt", das dieses Kollektivsubjekt umkreist?

Das Gottesgeschenk

Der als Gipfel der paulinischen Dichtkunst geltende Hymnus auf die Liebe (1 Kor 13,1–13) geht, nach mehreren Indizien zu schließen, in seinem Kern auf die vorchristliche Frühzeit des Apostels zurück. Erst in dem in den Römerbrief eingeblendeten zweiten Hymnus (Röm 8,31–39) erreicht er die volle Höhe seines in Christus zentrierten Liebesbegriffs. Er beginnt mit der Doppelfrage:

Wenn Gott mit uns ist, wer ist dann gegen uns? Wenn er seinen eigenen Sohn nicht geschont, sondern ihn für uns alle hingegeben hat – wie sollte er uns nicht mit ihm alles schenken? (Röm 8,31 f)

In der Folge beantwortet sich diese rhetorische Frage von selbst, wenn Paulus die Mächte beschwört, die seiner festen Überzeugung nach noch nicht einmal in ihrer Gesamtheit von dieser Liebe trennen können: Bedrängnis, Not, Verfolgung, Hunger, Kälte, Gefahr oder das Schwert (Röm 8,35). Erst in der Schlusswendung erlangt die von ihm gerühmte Liebe dann ihr volles Profil: Es ist „die Liebe Gottes, die in Christus ist, unserem Herrn" (Röm 8,39). Was aber die inzwischen beantwortete Ausgangsfrage anlangt, so steht jetzt außer Zweifel, worauf sich die Schenkung Gottes bezieht. Es ist Christus, der jetzt im Aspekt des großen allumfassenden Gottesgeschenkes erscheint.

Doch mit diesem Geschenk hat es eine einzigartige Bewandtnis: Es ist die Gabe und „Hingabe", verstanden als die Gottesgabe, die sich zugleich selbst schenkt und übereignet. Damit nimmt Paulus ein Schlüsselwort des Markusevangelisten vorweg:

Der Menschensohn ist nicht gekommen, um sich bedienen zu lassen, sondern um zu dienen. (Mk 10,45)

Das aber ist jener exzessive und jede Form menschlichen Dienens überschreitende „Dienst", der sich bis zur kenotischen Selbstentäußerung steigert und erst in jener äußersten Dienstleistung sein Ziel erreicht, die sich in den Symbolhandlungen der Fußwaschung und des letzten Abendmahls ausdrückt. Wenn das begriffen, reflektiert und geltend gemacht wird, tritt das Christentum in eine bisher kaum geahnte Perspektive. Bei allem, was es an Ansprüchen geltend macht und an Forderungen erhebt, erscheint es dann doch zuerst als das Geschenk, das Gott der Welt in seinem Sohn mit sich selbst macht. Spontan treten dann zuvor übersehene Züge am Erscheinungsbild des Christentums in den Vordergrund. So vor allem die mit ihm einhergehende Beglückung und die von *Immanuel Kant* hervorgehobene seiner Liebenswürdigkeit.

In seiner späten Betrachtung über „Das Ende aller Dinge" (1794) versichert *Kant*, dass das Christentum „außer der größten Achtung", die von der Heiligkeit seines Gesetzes ausgehe, „noch etwas Liebenswürdiges" in sich trage, das seine Anhänger veranlasse, das ihnen Gebotene auch gerne zu tun. Würde es sich statt dessen aber „mit gebieterischer Autorität bewaffnen", so würde „die herrschende Denkungsart der Menschen" in Abneigung und Widersetzlichkeit umschlagen, und das Christentum liefe Gefahr, nicht mehr die „allgemeine Weltreligion" zu sein.

Im Sinn der angesprochenen Beglückung müsste das Christentum, gerade auch im Blick auf die These Kants, endlich als die Religion der großen Liebeserklärung Gottes an die Welt herausgestellt und glaubhaft gemacht werden. Christsein, so müsste gezeigt werden, ist kein „Muss", sondern ein den Menschen in seiner Wesenstiefe ansteckendes „Darf". Und alle Hemmungen, die sich dem entgegenstellen, müssten als Vorformen des Abfalls von ihm durchschaut und denunziert werden. Darin besteht die Chance, der gegenwärtigen kollektiven Depression zu wehren und sie in eine Sphäre der Hoffnung aufzuheben.

Das Gottesgleichnis

In der floskelhaften Bemerkung des Markusevangelisten, dass Jesus „nur in Gleichnissen" zum Volk geredet habe (Mk 4,34), verbirgt sich ein grundsätzlicher Hinweis rückbezüglicher Art. Denn im Hinblick darauf ist mit *Eduard Schweizer* zu fragen, ob der Erzähler der Gleichnisse nicht selbst als „das Gleichnis Gottes" zu gelten hat. Im Licht dieser Frage springen vor allem die Aussagen über die Zeichenforderung der pharisäischen Gegner Jesu in die Augen. Nachdem sie Jesus des Satansbundes bezichtigt hatten, stellen sie ihn dadurch „auf die Probe", dass sie von ihm „ein Zeichen vom Himmel" fordern (Lk 11,14 ff). Doch auch unabhängig von diesem Kontext fordern Pharisäer in einem Streitgespräch von Jesus „ein Zeichen vom Himmel" (Mk 8,11):

Er aber seufzte tief auf und sagte: Wozu fordert diese Generation (noch) ein Zeichen? Amen, das sage ich euch: Dieser Generation wird niemals (mehr) ein Zeichen gegeben werden. (Mk 8,12)

In elaborierter und auf seine Passion vorausblickender Form antwortet Jesus im Lukasevangelium auf diese Forderung mit den Worten:

Diese Generation ist böse; sie fordert ein Zeichen. Es wird ihr aber kein anderes Zeichen als das des Jona gegeben werden. Wie Jona für die Einwohner von Ninive ein Zeichen war, so wird es auch der Menschensohn für diese Generation sein. Beim Gericht wird die Königin des Südens gegen die Männer dieser Generation auftreten und sie verurteilen; denn sie kam vom Ende der Erde, um die Weisheit Salomos zu hören. Hier aber ist mehr als Salomo. Und die Männer von Ninive werden beim Gericht gegen diese Generation auftreten und sie verurteilen; denn sie haben sich nach der Predigt des Jona bekehrt. Hier aber ist mehr als Jona. (Lk 11,29–32)

Auch wenn die nachösterliche Gestaltung dieser Aussage auf der Hand liegt, spricht sie doch ebenso unverkennbar dafür, dass sich Jesus als das seiner Zeit gegebene Zeichen verstand. Deshalb erhebt er gegen seine Zeitgenossen den Vorwurf:

Sobald ihr im Westen Wolken aufsteigen seht, sagt ihr: Es gibt Regen. Und wenn der Südwind weht, sagt ihr: Es wird heiß. Und beides trifft zu. Ihr Heuchler: Warum könnt ihr das Aussehen von Erde und Himmel deuten, warum aber nicht die Zeichen dieser Zeit? (Lk 12,54ff)

Indizien dieser Art sprechen dafür, dass sich der Erzähler von Gleichnissen, mit *Eduard Schweizer* gesprochen, selbst als das „Gleichnis Gottes" verstand, zumal *Adolf Jülicher* den Nachweis erbrachte, dass seine Gleichnisse nicht auf die in der Spätantike beliebte Allegorie zurückgeführt werden können und der Versuch *Paul Fiebigs,* eine Abhängigkeit Jesu von den rabbinischen Gleichnissen glaubhaft zu machen, scheiterte.

Die Gleichnisse Jesu haben als signifikanter Beweis der sprachschöpferischen Befähigung Jesu zu gelten, deren Entstehung schon auf seinen Wüstenaufenthalt und sein Erwachen zur Gottessohnschaft anzusetzen ist. Denn damit stellte sich für ihn die Frage nach einem Mittelbegriff, der sein Geheimnis sagbar machte, ohne ihm den Vorwurf der Gotteslästerung (Joh 10,33) zuzuziehen. Ihn fand er, vermittelt auf Grund seiner gleichfalls schon früh anzusetzenden Identifikation mit dem mit der Heraufführung des Gottesreichs beauftragten Menschensohn (Dan 7,14), in dem Begriff „Reich Gottes", den *Origenes* wie vor ihm wohl schon *Markion* als Metapher der Gottessohnschaft Jesu erkannte. Da sich in den Bildworten und Gleichnissen Jesu Motive der Wüstenlandschaft – angefangen von den Füchsen, Geiern und Skorpionen bis hin zu den vom Dämon durchstreiften „wasserlosen Gegenden" und dem in der Steppe verirrten Schaf – häufen, wird auch seine sprachschöpferische Leistung schon im Wüstenaufenthalt begonnen haben.

Wenn man Origenes folgt, sind die Gleichnisse aber auch rückbezüglich, also auf ihren Schöpfer hin zu lesen. Noch vor dem Gleichnis vom verlorenen Sohn gilt das von dem des fürbittenden Weingärtners, der sich geradezu verzweifelt für die Rettung des – offensichtlich unfruchtbaren – Feigenbaums einsetzt (Lk 13,6–9) und dadurch auf Jesus in seiner verlorenen Liebesmühe um das sich ihm (nach Lk 13,34) verweigernde Israel durchsichtig wird. Und es gilt erst recht vom Gleichnis des dienenden Herrn, der in seine Freude über das Entgegenkommen seiner Dienerschaft diese zu Tisch bittet und bewirtet und dadurch die Rolle des Herrn mit der des Dieners vertauscht (Lk 12,35–38).

Diesen Zug unterstreicht Jesus zusätzlich, in dem er in der Spur der alttestamentlichen Propheten, insbesondere des Ezechiel, seiner Botschaft durch spekulative Aktionen Nachdruck verleiht. Scheinbar ganz unspektakulär, im Kontrast zum Verhalten des Täufers aber desto auffälliger dadurch, dass er im Unterschied zu jenem „isst und trinkt" und sich dadurch den Hohn der Gegner zuzieht (Lk 7,33 f). Ein unverkennbar sozialkritischer Akzent liegt auf dem „Tisch der Sünder" (Mk 2,16), verstanden als seine geradezu programmatische Hinwendung zu den „Erniedrigten und Beleidigten" *(Fjodor Michailowitsch Dostojewskij)*, aber auch den Kindern; damit schlichtet er nicht nur den Rangstreit der Jünger, sondern antwortet auch auf die Geringschätzung der Kinder in der antiken Gesellschaft:

Und er stellte ein Kind in ihre Mitte und sagte zu ihnen: Wer ein solches Kind in meinem Namen aufnimmt, der nimmt mich auf; wer aber mich aufnimmt, nimmt den auf, der mich gesandt hat. (Mk 9,36 f)

In dieselbe Reihe gehören das als Protest gegen jede Form von Gewalt gemeinte ungerittene Eselsfüllen beim Einzug in Jerusalem (Lk 19,30), der als Absage an den Opferkult inszenierte Tempelprotest (Mk 11,16), die Verfluchung des Feigenbaums (Mk 11,12 ff), die Fußwaschung (Joh 13,1–17) und das Abschiedsmahl (Mk 14,17–25). Vor diesem Hintergrund gewinnen die Gleichnisse Jesu einen neuen, auf den Erzähler rückbezüglichen Aspekt. Nun sind sie nicht mehr das Ergebnis einer arbiträren Form- und Motivwahl, sondern sprachlicher Ausdruck dessen, was Jesus war und als solche seine sprachbildhafte Selbstdarstellung. Mit Bedacht hat Lukas eine Trilogie ins Zentrum seiner Gleichnisrezeption gestellt, die dem Grundzug der Lebensleistung Jesu entspricht. Denn nach einem Schlüsselwort *William Wredes* gibt Jesus seine Gottessohnschaft auf und wird ein elender Mensch wie wir, damit wir, die Rezipienten seiner Selbstentäußerung, zu Gotteskindern werden. In dreifacher Steigerung beschreiben das die Gleichnisse vom verlorenen Schaf (Lk 15,1–7), von der verlorenen Drachme (Lk 15,8 ff) und vom verlorenen Sohn (Lk 15,11–32). Die Steigerung betrifft zunächst die Stufen der Verlorenheit: beginnend mit der des Tieres, das sich noch hörbar machen kann, alsdann der Münze, die in völliger Passivität verharrt, und schließlich des Menschen, der sich selbst in die Verlorenheit begibt. Sie betrifft sodann aber auch die Erzählperspektive, sofern im dritten Fall von der Verlorenheit des Erzählers, also Jesu, die Rede ist. Hier erzählt er die Geschichte seiner Entäußerung und der Vergabe seiner Besitztümer und Qualitäten, und dies bis zu seiner äußersten Erniedrigung am Schweinetrog, dann aber auch die seiner Rückbesinnung und Heimkehr, seiner Aufnahme in die Arme und das Haus seines Vaters und seine Einsetzung in die ihm glanzvoll zurückerstatteten Privilegien. Bei genauerem Zusehen ergibt sich dabei eine noch weitergreifende Differenz. Denn der Erzähler ist nun nicht wie im Fall aller übrigen Gleichnisse Jesus selbst, sondern ein in seiner Rolle sprechender Dritter nach Art der sich mit ihm identifizierenden urchristlichen Charismatiker, wie der zweifache Refrain erkennen lässt:

Er war tot und lebt nun wieder; er war verloren und ist nun wiedergefunden worden. (Lk 15,24.32)

Das ist unverkennbar aus der nachösterlichen Rückschau erzählt. Der nachösterlichen Situation entspricht aber auch die Figur des älteren Bruders, der trotz seines unentwegten Aufenthalts im Vaterhaus das geblieben ist, wozu sich der von seiner überwältigenden Aufnahme überraschte Heimkehrer bereit erklärte: „Behandle mich nur wie einen deiner Knechte" (Lk 15,19). Das entspricht der Verfassung derer, die ungeachtet ihrer Lebens- und Tischgemeinschaft mit den „freien Söhnen" sich der Freiheitsbotschaft und ihrem Glück entzogen und in ihrer Verhärtung nie begriffen, was es hieß, die Söhne dieses liebevollen, wunderbaren Vaters zu sein.

Das Gotteswunder

Jesus steigerte seine Sprache nicht nur bis zur Höhe seiner performativen Seligpreisungen (Lk 6,20 ff) und Ausrufen nach Art seines Feuerwortes (Lk 12,49); er verfügt auch über die Tatsprache seiner Wundertaten. Wenn er seinen erbitterten, ihn des Satansbundes bezichtigenden Gegnern entgegenhält:

Doch wenn ich die Dämonen durch den Finger Gottes austreibe, ist
das Reich Gottes schon zu euch gekommen (Lk 11,19),

gibt er gleichzeitig zu verstehen, dass seine Wunder dasselbe
Ziel verfolgen, wie er es mit seiner Wortverkündigung an-
strebte; denn hier wie dort geht es ihm darum, dem Gottesreich zum Durchbruch zu verhelfen. Das wirft ein relati-
vierendes Licht auf das weithin herrschende faktizistische
Verständnis seiner Wundertaten. Nach der erhellenden Deutung *Reginald H. Fullers* spiegeln die neutestamentlichen
Berichte jedoch nicht so sehr historische Begebenheiten als
vielmehr den Eindruck, den der Wundertäter Jesus bei seinen
Zeitgenossen hinterließ. Sie sahen die mit Leid und Krank-
heit geschlagene Welt unter seinen milden Händen aufblü-
hen. Ihnen erging es wie den Abgesandten des Täufers, die
Jesus als Antwort auf ihre Frage, ob er oder ein anderer der
von ihrem Meister angesagte „Kommende" sei, auf seine
Wundertätigkeit verwies und diese für sich sprechen ließ:

Blinde sehen, Lahme gehen, Aussätzige werden rein, Taube hören,
Tote stehen auf, den Armen wird die Frohbotschaft verkündet; und
selig ist, wer daran keinen Anstoß nimmt. (Lk 7,22)

Wenn in diesem Satz die Totenerweckung in einem Atemzug
mit der Wortverkündigung angesprochen wird, sinkt jene zu
einem Sprachgeschehen herab, während diese die Qualität
einer Auferweckung gewinnt. Die Kunst des oberschwäbi-
schen Barock hat sich dies dadurch zueigen gemacht, dass sie
die Kanzel der *Klosterkirche von Zwiefalten* als Pendant zur
Totenfeldvision des Propheten Ezechiel gestaltete. Dort der

Prophet, der mit gewaltiger Gebärde den Geist auf das Gräberfeld herabruft. Hier die Symbolfiguren von Glaube, Hoffnung und Liebe, die die zerstreuten Gebeine zu Skeletten zusammenfügen, diese mit Muskel und Sehnen überziehen und sie in einem letzten Akt zum Leben erwecken. Gleichzeitig ist die Kanzel als ein aus der Todeszone emporsteigender Lebensbaum gestaltet, der seine Spitze in einer Kreuzesdarstellung erreicht. Die Botschaft des Werkes ist hintergründig: Während die um die Kanzel versammelte Gemeinde durch Glaube, Hoffnung und Liebe zu neuem Leben gelangt, erhebt sich der Geglaubte aus ihrer Mitte zur Vergegenwärtigung seiner selbst. Ihr Glaube an ihn ist seine Anwesenheit unter ihnen. Durch sie kommt er stets neu zu sich selbst.

Wenn man diese Spur weiter verfolgt, führt sie zu der Einsicht, dass im Schnittpunkt der Wundergeschichten Jesus selbst erscheint, der sich dort als das große, nie genug zu bestaunende Gotteswunder darstellt. Das nimmt den einzelnen Wundertaten nichts von ihrer Bedeutung, auch wenn der ihnen jeweils zugrundeliegende Tatbestand nur schwer auszumachen ist. Doch erscheinen sie jetzt als Elemente eines sie übergreifenden Geschehens, das sich um die stets neue Selbstvergenwärtigung Jesu bewegt. Wie in den als Verbildlichungen des in und mit Jesus kommenden Gottesreichs begriffenen Gleichnissen er selbst als das große Gottesgleichnis zu Wort kommt, will er im Sinngrund der Wundergeschichten als das Wunder aller Wunder entdeckt, gesehen und gewürdigt werden. Die Sorge *Søren Kierkegaards,* dass es dann bei bloßer Bestaunung des sich abzeichnenden Hochbilds bleiben könne, ist aufgrund seiner eigenen Prämissen unbegründet. Denn nach seinem ausdrücklichen Bekunden hat das Evangelium Augen, die sich auf den Betrachter richten mit der Frage, ob er auch tun wolle, was sie ihm abverlangen.

Wer in Jesus das große Gotteswunder erblickt, ist immer schon von seinem Blick getroffen und gefragt, ob er sich ihm in seiner Nachfolge anschließen wolle. Was das in diesem Extremfall besagt, bringt der johanneische Jesus mit dem Wort zum Ausdruck:

Wer an mich glaubt, wird die Werke, die ich wirke, auch vollbringen; ja, er wird noch größere vollbringen; denn ich gehe zum Vater. (Joh 14,12)

Auf keinen traf diese Verheißung so umfassend zu wie auf Paulus. Während sich Jesus „nur zu den verlorenen Schafen des Hauses Israel" gesandt sah (Mt 15,24), führte er das Christentum aus seinen provinziellen Anfängen in die Dimension einer Weltreligion; während Jesus das Fastengebot in Frage stellte (Mk 2,18 f), durchbrach Paulus den „Zaun des Gesetzes" (Eph 2,14); und während Jesus in den Sand schrieb (Joh 8,6), legte er mit seinen Briefen den Grundstein für die Fortentwicklung von der Oral- zur Schriftkultur. Andere traten in die Fußspur des Apostels; keiner hat es ihm bisher gleichgetan.

Die Krise

Da die satanische Aufforderung „stürz dich da hinab!"
(Lk 4,9) mit dem Ansinnen an Jesus einhergeht, anstatt den
mühsamen und steinigen Weg zu den Menschen den kürze-
ren zurück ins Vaterhaus, also den Selbstmord, zu wählen
(*Jack Miles*), ist sie mit der unterschwelligen Drohung verbunden, dass ihm im Fall der Weigerung Enttäuschungen,
Rückschläge und am Ende ein qualvoller Tod bevorsteht. Im
Hinblick darauf gestaltete der Lukasevangelist den Auftritt
Jesu in der heimatlichen Synagoge von Nazaret zu einem
präludierenden Abriss seiner gesamten Lebensgeschichte (Lk
4,16–30), angefangen von seinem glanzvollen Beginn – alle
sind hingerissen von seinem charismatischen Wort (Lk 4,22)
– über den Umschlag ins Ärgernis – „ist das nicht der Sohn
Josefs?" (ebd.) – bis hin zu dem Versuch, ihm das anzutun,
was ihm der Satan angeraten hatte, und ihn in den Tod zu
stürzen (Lk 4,29).

Tatsächlich steht am Anfang des Wirkens Jesu der spekta-
kuläre, von der bedrängten politischen und wirtschaftlichen
Notlage Palästinas begründete Erfolg, der die Menschen in
Scharen zu ihm führt (Mk 3,7 ff). Sie staunen über die Voll-
macht seines Wortes (Mk 1,22) und die Neuartigkeit seiner
Botschaft (Mk 2,21 f). Sie applaudieren seinen Wundern
(Mk 2,12) und freuen sich, wenn er missgünstige Gegner zum
Schweigen bringt (Mk 13,37). Sie vergessen sogar Essen und
Trinken und folgen ihm in abgelegene Steppengegenden, um
ihm nah zu sein (Mk 6,33 ff). Bald aber kommt es zu einer

tiefgreifenden und zu einer Lebenswende führenden Krise. Sie ist mehrfach verursacht, zumal Jesus zunehmend unter den Druck seiner Familie (Mk 3,20 f.31) und seiner konservativen Gegner gerät (Mk 3,6; Lk 6,11). Die Hauptursache aber wird nach *Ludger Schenke* darin zu suchen sein, dass Jesus das Werben der Zeloten ablehnt (Joh 6,14 f) und sich im Gegenzug zu ihrer kriegsbereiten Agitation für den Weg absoluter Gewaltlosigkeit entscheidet. Befremdend mag auch auf viele gewirkt haben, dass er für die freiheitliche Interpretation des Gesetzes eintrat (Mk 2,27), dass er Pietätspflichten ignorierte (Lk 9,59 f), dass er das Fasten- und Reinheitsgebot brüskierte (Mk 2,19) und dass er, höchst unpopulär, das Gebot der Nächstenliebe zu dem der Feindesliebe verschärfte (Lk 6,35).

Nach dem Johannesevangelium kommt es zum entscheidenden Eklat, als sich Jesus anstatt des von ihm erwarteten Brotwunders den frustrierten Anhängern selbst als das „Brot des Lebens" anbietet (Joh 6,39.48) und ihnen dadurch zu verstehen gibt, dass von politischen Aktivitäten nichts, von der Lebensgemeinschaft mit ihm jedoch alles zu erwarten ist. Mit ihrer Reaktion:

Diese Rede ist hart; wer kann sich so etwas anhören? (Joh 6,60),

setzt der Massenabfall ein, der, äußerlich wie innerlich besehen, der schwersten Zäsur auf Jesu Lebensweg gleichkommt. Äußerlich, weil er sich fortan aus der Öffentlichkeit zurückzieht; vor allem aber innerlich, weil er ihn in eine tiefe Identitätskrise stürzt. Nach *Martin Buber,* der der damit angesprochenen Jüngerbefragung (Mk 8,27 ff; Mt 16,13–20) ebenso wie der Verhörszene (Mk 14,55–64) eine historische Komponente abgewinnt, steht Jesus dabei an der für alle Großen der Menschheit entscheidenden Wegscheide, an der ihn die Ungewissheit darüber befällt, „wer er sei". In Ermangelung eines mitwissenden Freundes wendet er sich in seiner Not an die ihn begleitenden Schüler mit der ihn bedrängenden Frage nach seiner Identität. Nach dem Matthäusbericht wird sie von Petrus mit dem Bekenntnis zu seiner Gottessohnschaft beantwortet, das von Jesus als Wiederholung und Bestätigung des Zuspruchs der Himmelsstimme bei der Taufe verstanden wird, nur dass dieser jetzt aus Schülermund an ihn ergeht (Mt 16,15 ff). Wie die darauf folgende Todesprophetie erkennen lässt (Mt 16,21), wird diese Bestätigung von Jesus zugleich als Ermutigung verstanden, den sich ihm bereits abzeichnenden Todesweg einzuschlagen und sein Lebenswerk, das er als Botschafter, Helfer und Wundertäter begann, als Leidender zu krönen.

Die Flucht

Wie die Lokalisierung der Jüngerbefragung durch die Synoptiker in der Gegend von Caesarea Philippi erkennen lässt, bewegt sich Jesus außerhalb des Herrschaftsgebiets seines Landesherrn. Den Grund nennt Lukas mit dem Hinweis auf die Warnung einiger Pharisäer: „Verlass dieses Land, denn Herodes will dich töten" (Lk 13,31). Jesus bleibt die Antwort nicht schuldig:

Geht und sagt diesem Fuchs: Ich treibe Dämonen aus und voll-
bringe Wundertaten, heute und morgen, und am dritten Tag werde
ich mein Werk vollendet haben. Doch heute, morgen und am Folge-
tag muss ich wandern; denn es geht nicht an, dass ein Prophet
anderswo als in Jerusalem umkommt. (Lk 13,32 f)

Von da an ist von öffentlichen Auftritten bis zum Durchzug
durch Jericho und zum Einzug in Jerusalem nicht mehr die
Rede. Statt dessen entsteht der Eindruck, dass sich Jesus, wie
dies auch auf Paulus zutrifft, vorzugsweise Einzelnen zu-
wendet, so der Maria bei seinem Besuch im Haus der Marta
(Lk 10,38–42), so bei seinem Mahnwort beim Gastmahl des
generösen Pharisäers (Lk 14,7–11) und so insbesondere bei
seinem von Johannes überlieferten Nachtgespräch mit Nikodemus (Joh 3,1–13), das sowohl aus situativen wie themati-
schen Gründen gegen Ende seiner Tätigkeit anzusetzen ist.
Während es von seiner öffentlichen Verkündigung heißt, dass
er niemals ohne Gleichnisse zur Menschenmenge geredet
habe (Mk 4,34), spricht er im Gespräch im Haus der Marta,
das nur vom Hören der zu seinen Füßen sitzenden Maria,
nicht jedoch von den an sie gerichteten Worten berichtet
(Lk 10,39), vornehmlich durch sich selbst. Dagegen ist im
Nikodemusgespräch ausdrücklich von den durch ihn mit-
geteilten „himmlischen Dingen" die Rede (Joh 3,12). An die
Stelle der indirekten Mitteilung *(Søren Kierkegaard)* tritt jetzt
die direkte, wie es der sich zusehends verschärfenden und
zuspitzenden Lebenslage entspricht.
Im Hinblick darauf drängt sich die Frage auf, weshalb die

dadurch zweifellos irritierte Jüngergruppe mit Ausnahme des sich (nach Joh 3,12) innerlich distanzierenden Judas nach ausdrücklichem Bekunden des Johannesevangeliums (Joh 11,7–16) unentwegt bei ihm blieb. Da so gut wie alle äußeren Gründe gegen diesen fortgesetzten Zusammenhalt sprechen, müssen innere, wie sie *Karl Rahner* ins Spiel brachte, in Erwägung gezogen werden. Sie beziehen sich auf die von Jesus ausgehende Faszination und insbesondere auf die Inversion des Gottesverhältnisses, das er bei seinen Anhängern bewirkte. Denn in der ihn umgebenden Aura hört Gott auf, das Fernziel menschlichen Suchens zu sein. Statt dessen wird Gott für die Jünger selbst zum Erstgegebenen, Erstwirklichen und Erstgewissen. Für sie gilt, was *Karl Rahner* für die Autoren des Neuen Testaments geltend macht: „die Selbstverständlichkeit ihres Gottesbewusstseins". Eine Qual, nach Gott fragen zu müssen, kennen sie ebenso wenig wie die Sorge, dass sich der mühsam Erkannte wieder entziehen könne. Gott ist für sie einfach da:

Er ist für sie bei all seiner Unbegreiflichkeit und Erhabenheit, bei aller Furcht und dem Glück, das ihnen die Gotteswirklichkeit bereiten mag, zunächst einfach als die selbstverständlichste, eines Beweises und einer Erklärung nicht bedürfende Tatsache da.

Anders als vor ihrer Begegnung mit Jesus gelangen sie nun nicht mehr von der Welt zu Gott; vielmehr mussten sie sich nun eher von dem sie umfangenden Gottesbewusstsein zur Weltwirklichkeit zurücktasten. Ihnen erging es wie den Betrachtern der Lilien des Feldes, die diese förmlich aus der

Hand des sie herrlicher als Salomo umkleidenden Vaters hervorgehen sahen und sich bei ihrem Anblick selbst von seiner Fürsorge umhegt fühlten (Lk 12,27 f). Das gab ihrem Glauben jene Festigkeit, um die Jesus für Petrus betete:

Simon, Simon, der Satan hat verlangt, euch wie Weizen sieben zu dürfen. Ich aber habe für dich gebetet, dass dein Glaube nicht wanke. (Lk 22,31)

Das ist schon im Blick auf die Stunde gesagt, in der sich die Jüngergruppe bei Einbruch der Passion auflöst und es von ihr heißt: „Da verließen ihn alle und flohen" (Mk 14,50). Doch im Angang dazu spitzt sich alles auf eine letzte Entscheidung zu, die Jesus in der Form trifft, dass er seiner Fluchtbewegung ein Ende setzt und im Gegenzug dazu ebenso bewusst wie entschlossen den Todesweg betritt.

Der Entschluss

Nach dem Lukasevangelium gab es in der Lebensgeschichte Jesu den erregenden Augenblick, in dem er im Bruch mit der vorangehenden Fluchtbewegung den Todesweg ins Auge fasst:

Als die Zeit seiner Aufnahme herannahte, richtete er seinen Blick entschlossen nach Jerusalem. (Lk 9,51)

Und er entscheidet sich dazu im vollen Bewusstsein dessen, was ihn dort erwartet; denn:

Jerusalem, Jerusalem, du mordest die Propheten und steinigst die zu dir Gesandten. Wie oft wollte ich deine Kinder um mich scharen, so wie eine Henne ihre Kücken unter ihre Flügel nimmt. Ihr aber habt nicht gewollt. (Lk 13,34)

Wenn das nicht der Weg in den ihm von *Jack Miles* unterstellten Selbstmord ist, dann ereignete sich auf diesem Weg die größte Metamorphose des Gottes- und Todesbewusstseins Jesu, das seine Achse in der Annahme des Unannehmbarsten, des Todes, hatte. Zusammen mit dem Grauenhaften im Angesicht des Todes verlor sich für ihn dann aber auch der Schrecken aus dem Antlitz Gottes. Ja, der Tod wurde für ihn, wie es *Theodor W. Adorno* höhnisch gegen *Martin Heidegger* einwandte, geradezu zum „Stellvertreter Gottes". Das aber gerade nicht mehr im Sinn der uralten Menschheitstradition, die Gott und Tod immer schon im Sinn der gleichen Ambivalenz von Trost und Schrecken zusammendachte, sondern nun neu, sodass der Tod als Einladung ins Vaterhaus und Gott als der väterliche Inbegriff dieses Hauses erschien.

Wenn irgendwo, dann erschließt sich hier der Fortgang des Nikomusgesprächs, bei dem Jesus den Fragesteller zunehmend aus dem Blick verliert, der sich dafür nun ganz auf den Sinn seiner bevorstehenden „Erhöhung" richtet:

Wie Mose die Schlange in der Wüste erhöht hat, muss der Menschensohn erhöht werden, damit jeder, der glaubt, in ihm das ewige Leben erlangt. Denn so sehr hat Gott die Welt geliebt, dass er seinen einzigen Sohn dahingab, damit ein jeder, der an ihn glaubt, nicht verloren geht, sondern das ewige Leben hat. (Joh 3,14ff)

Dass Jesus hier vom Menschensohn wie von einem anderen seiner selbst redet, hat als Hinweis auf eine Spur zu gelten, die sich zunehmend im Fortgang des Evangeliums abzeichnet. Sie führt zunächst zur Gestalt des Lazarus, der als Doppelgänger Jesu zu verstehen ist, sodass sich Jesus bei seiner Auferweckung im Vorgriff auf Passion und Auferstehung selbst aus dem Grab herausruft (Joh 11,17–44). Sie setzt sich fort in die Szene von der Entlarvung des Verräters, in der als neuerliche Doublette Jesu der Lieblingsjünger auftaucht, der die das Endgeschehen auslösende Frage nach der Identität des Verräters stellt (Joh 13,23–30). Und sie endet in der Szene mit der Mutter Jesu und dem Lieblingsjünger unter dem Kreuz, in der Jesus diesen in die Identität mit sich zurücknimmt (Joh 19,25 ff). Bei aller Differenz bietet dazu die Lukaspassion eine Entsprechung, wenn Jesus dem Leidensgefährten die Aufnahme ins Paradies, verstanden als das Paradies seiner den Tod überdauernden Liebe, zusichert (Lk 23,42 f).

Nach *Wilhelm Emrich* gehört es zum Auszeichnenden großer Literatur, dass sie ihren Themen doppelgängerische und zwitterhafte Gestalten an die Seite stellt: so die Mignon in *Johann Wolfgang von Goethes* Wilhelm Meister oder den Erwin in *Joseph von Eichendorffs* „Ahnung und Gegenwart". Über die Diotima in *Friedrich Hölderlins* „Hyperion" und die Sophie in den „Hymnen der Nacht" des *Novalis* lässt sich diese Linie zurückverfolgen bis zur Beatrice in *Dantes* Göttlicher Komödie, vor allem aber bis zu den Doppelgängergestalten des Johannesevangeliums – der Figur des Lazarus und des Lieblingsjüngers – das dadurch in seinem Rang als hohe Dichtung erwiesen wird. Als solche ist sie durch dafür bezeichnende Aufschwünge gekennzeichnet. So schon, wenn Jesus im Nikodemusgespräch von seinem Aufstieg „in den Himmel" und von den „himmlischen Dingen" spricht, die er auszurichten habe (Joh 3,12 f). So, wenn er in der Folge erklärt, dass er als Erhöhter „alle" an sich ziehen werde (Joh 12,32). Und so vor allem, wenn er auf dem Höhepunkt seines Abschiedsgebets mit dem machtvollen „Ich will" die Schau seiner Herrlichkeit für die seinen einfordert (Joh 17,24). Dadurch gewinnt das Johannesevangelium einen vertikalen, den Leser erhebenden und mitreißenden Zug. Diesem Aufschwung entspricht dann aber auch ein emotionaler Tiefpunkt, dem Jesus beim Besuch der um eine Begegnung mit ihm bittenden Griechen verfällt (Joh 12,21). Denn er begreift ihre Bitte als Zeichen, dass die ihm bisher gezogenen Grenzen, von denen im Gespräch mit der Mutter (Joh 2,4) und der Syrophönikierin (Mt 15,24) die Rede war, von ihm abgefallen sind, und dass sein Ende unmittelbar bevorsteht. In dieser Betroffenheit gesteht er:

Jetzt ist meine Seele erschüttert. Was soll ich sagen: Vater, errette mich aus dieser Stunde. Doch deshalb bin ich in diese Stunde eingetreten. Vater, verherrliche deinen Namen! (Joh 12,27 f)

Hatte er zuvor (nach Lk 9,51) nur den Blick nach Jerusalem gerichtet, so geht er jetzt mit voller Entschlossenheit seinem Todesschicksal entgegen; in dieser Bereitschaft zieht er in Jerusalem ein (Joh 12,12 ff).

Der Einzug

Der letzte Lebensabschnitt Jesu ist durch zwei markante „Kehren" gekennzeichnet. Die erste besteht darin, dass er die Flucht vor dem ihn mit dem Tod bedrohenden Landesherrn aufgibt und fest entschlossen den Todesweg nach Jerusalem einschlägt (Lk 9,51); die zweite besteht darin, dass er die diesen Weg kennzeichnende Verborgenheit aufgibt und nach einem aufsehenerregenden Gang durch Jericho (Mk 10,46–52) ostentativ in Jerusalem einzieht. Nach dem übereinstimmenden Bericht der Evangelien gestaltete sich dieser Einzug zu einer spektakulären und lautstarken Demonstration (Mk 11, 1–11; Lk 19,28–40; Mt 21,1–9). Was konnte ihn dazu veranlassen? War es nur der aufsehenerregende Auftakt zu Beginn seiner Passion? Oder verband sich damit die Hoffnung, durch den Einzug auf einem ungerittenen Eselsfüllen sich inmitten der von den Zeloten angeheizten Kriegspsychose als Boten der Gewaltlosigkeit und damit, wie die Evangelisten unterstellen, als messianischen Friedensfürsten zu präsentieren? Wenn sich der Tempelprotest unmittelbar anschloss und den Einzug zum Ziel hatte, handelte es sich daher um die symbolische Besitzergreifung des Heiligtums und bei dem von Markus überlieferten Verbot, die zum Opferdienst erforderlichen „Geräte durch den Tempel zu tragen" (Mk 11,16), um die zeitweilige Unterbrechung des dortigen Opferkultes und damit um eine neuerliche Demonstration bedingungsloser Gewaltlosigkeit.

Das konnte von der herrschenden und ebenso für die

öffentliche Ordnung wie für den Zustand im Sakralbereich verantwortliche Priesterkaste nur als ungeheuerliche Provokation verstanden werden. Sie reagierte nach dem Johannesbericht mit einer Krisensitzung, auf welcher der Tod des vermeintlichen Aufrührers beschlossen wurde (Mk 14,1 f). Auch wenn der Beschluss im Geheimen gefasst wurde, sprachen für Jesus doch alle Anzeichen dafür, dass er den beabsichtigten Umschwung in der Volksmenge nicht erzielt hatte und mit seinem Vorhaben, sein Volk zum Gewaltverzicht zu bewegen und dadurch vor dem ihm im Kriegsfall drohenden Untergang zu bewahren, gescheitert war. Doch darin war er nicht allein. Wenn sich Judas angesichts des sich anbahnenden Einzugs noch mit der Hoffnung getragen hatte, dass sich Jesus trotz aller gegenteiligen Äußerungen doch noch für die Sache der Zeloten und des von ihnen angestrebten Freiheitskampfes bewegen ließ, sah er sich darin nun aufs Bitterste enttäuscht. Dann galt es auch für ihn, diesen Vertreter der kompromisslosen Gewaltlosigkeit so rasch wie möglich – und wäre es auf dem Weg des Verrats an die jüdische Behörde – aus dem Weg zu räumen (Mk 14,10 f). Da sich Jesus aber auch darüber nicht täuschen konnte, sah er sich vor die in ihrer Furchtbarkeit kaum auszudenkende Tatsache gestellt, dass der Tod nicht aus den Reihen seiner Feinde, sondern aus seinem engsten Freundeskreis auf ihn zukam (Joh 13,21).

Die Verfluchung

Vor diesem Hintergrund erklärt sich eines der widersprüchlichsten Vorkommnisse in der Lebensgeschichte Jesu: Die Verfluchung des Feigenbaumes (Mk 11,12 ff), mit der er eines seiner bedeutendsten Gleichnisse, die Parabel vom fürbittenden Weingärtner (Lk 13,6–9), desavouiert. Der Vergleich legt sich ebenso aus formalen wie inhaltlichen Gründen nahe. Formal spricht dafür, dass Jesus in der Leidenswoche die Rolle des Erzählers zunehmend mit der Rolle des sich in Symbolhandlungen äußernden Propheten vertauscht: Jetzt redet er nicht mehr, obwohl sein Wort nach wie vor von überwältigender Vollmacht durchdrungen bleibt (Mk 1,22; Joh 18,4 f); jetzt handelt er, dies jedoch so, dass seine Handlungen beredt und voller Bedeutung sind.

Inhaltlich widerspricht die Verfluchung dem Gleichnis, sofern er dort seine ganze Überredungskraft für die Rettung des offensichtlich unfruchtbaren Feigenbaums einsetzt, während er ihn hier selbst zum Untergang verurteilt. Dies freilich in Form einer symbolischen Aktion und im Vorgriff auf die letzte und entscheidende Symbolhandlung des Letzten Abendmahls, die die Verfluchung weithin entkräftet. Für einen Augenblick blitzt hier jedoch die Möglichkeit auf, dass Jesus die Rolle des Fürsprechers mit der des unerbittlichen Richters vertauschen könnte, wenn auch nur für einen Augenblick, den die erschreckte Christenheit in ihrer von Ängsten unterfangenen Lehre festzuschreiben suchte.

Den Anfang dieser Zeichenhandlung machte der in der

— >

symbolischen Besitzergreifung des Tempels gipfelnde Einzug Jesu in Jerusalem, der sich in jähem Umschlag der zunächst herrschenden Euphorie in die von Melancholie verschattete Salbung in Betanien fortsetzte. In ihr holt Maria die fehlende Königssalbung nach, wenn freilich in einer ganz intimen Form, wenn man sie mit der von Lukas berichteten Salbung der „großen Sünderin" (Lk 7,36–50) zusammensieht. Dabei liegt insofern ein schwerer Schatten auf der bewegenden Szene, als Jesus sich bereits über die Vergeblichkeit des Geschehens und seine tödlichen Folgen im Klaren ist und die Tat der Frau dadurch in seine Hand nimmt, dass er sie zu seiner Totensalbung erklärt. Was er sagt und tut, hat für ihn nur noch die eine Konsequenz: seinen Tod. Unter dem Eindruck der Vergeblichkeit seiner insistenten Bemühung verflucht er am anderen Morgen den für das vergeblich umworbene Israel stehenden Feigenbaum (Mt 21,18). Doch das ist nur der Durchgang zu der finalen Lebensleistung, der Umwandlung dieser extremsten Passivität in den Exzess seiner Liebe (Joh 13,1) und damit in seine alles erfüllende Liebestat. Auf dem Weg dorthin könnte sich die von der ravennatischen Mosaikkunst hervorgehobene Szene mit dem Opfer der armen Witwe ereignet haben (Lk 21,1–4), durch die Jesus, wegweisend für *Søren Kierkegaard*, die Größe der Gabe an die Person und Gesinnung des Gebers zurückbindet. So gesehen schließt diese Szene die Brücke zum Abschiedsmahl, bei dem der Gastgeber Jesus zur Gabe an die Seinen und – recht verstanden – an die ganze Welt wird. In diesem Kontext verliert die Verfluchung des Feigenbaums ihre antithetische Schärfe;

denn in dieser Sicht markiert sie den depressiven Tiefpunkt, aus dem sich der Heils- und Liebeswille Jesu zu seinem höchsten Triumph erhebt. *→ Spannung der Quinten der Verkündigung*

Die Liebestat

Die Verfluchung des Feigenbaums wird erst vor dem Hintergrund der Salbung Jesu in Betanien voll verständlich (Mk 14,3–9; Mt 26,6–13; Joh 12,1–8). Die zunächst namenlos eingeführte Frau wird im Blick auf die Rast Jesu im Haus der Marta (Lk 10,38–42) mit Maria, der Schwester des Lazarus und der Marta, identifiziert. Doch widerspricht dem Lukas, der diese Passage übergeht, weil er sie in der Salbungsszene der großen Sünderin bereits vorweggenommen hatte (Lk 7, 36–50). Wie bei Johannes salbt dort die nicht namentlich genannte Frau die Füße Jesu, die sie mit ihren Tränen überströmt, küsst und, wiederum wie bei Johannes, mit ihren Haaren abtrocknet (Lk 7,38), doch dies sehr zum Anstoß des gastgebenden Pharisäers, der in seiner Reaktion unmittelbar an den Protest des Judas in der Johannesszene erinnert (Joh 12,4).

Auf der Suche nach der Identität dieser Frau konvergieren nun alle Linien: in der von Lukas an erster Stelle der von Jesus geheilten und ihn mit ihrem Vermögen unterstützenden Frauen genannten Maria von Magdala (Lk 8,2), die von Markus wiederum an erster Stelle unter den der Hinrichtung

Jesu „von weitem" zusehenden Frauen (Mk 15,40) und von Johannes als erster Osterzeugin genannt wird (Joh 20,1 f; 11–18). Als Prostituierte wurde sie durch die rettende Begegnung mit Jesus zu einer radikalen Lebenswende bewogen, für die sie ihm über den Tod hinaus mit ihrer selbstvergessenen Hingabe dankte und dafür mit der ersten Ostererscheinung belohnt wurde (Mk 16,9). Was sie in der Szene von Betanien als intime Königssalbung inszenierte, wird ihr von Jesus aus der Hand genommen und im Angesicht des heraufdrohenden Todes zur Grabessalbung umgedeutet (Mk 14,8). Wenn diese Deutung, welche die Szene zu einer Symbolhandlung Jesu erhebt, ernst genommen wird, sind alle Berichte über sein Begräbnis, die Verhandlung vor Pilatus und seine Beisetzung durch Josef von Arimathäa und Nikodemus sekundär und als Kompensation der durch die Jüngerflucht unterlassenen letzten Dankespflicht zu erklären (Mk 15,42–47; Lk 23,50–56; Mt 27,57–66; Joh 19,38–42). Nicht weniger sekundär ist dann die angesichts der Jüngerflucht unerklärliche Anwesenheit des bis auf den Zweifler Thomas vollständigen Jüngerkreises am Osterabend hinter „verschlossenen Türen" in Jerusalem, der sich zudem unausgleichbar mit der als Ersterscheinung vor dem Jüngerkreis gemeinten Erscheinung am See von Tiberias stößt (Joh 21, 1–12). In dieser „aufklärenden" Funktion beweist sich erneut die innere Macht der so zärtlichen Szene.

Nehmt und esst!

Die größte der Symbolhandlungen Jesu vollzog sich bei seinem Abschiedsmahl, das unter dem Einfluss der später daraus hervorgegangenen Kultfeier meist als sein letztes Abendmahl gedeutet und verstanden wurde. Die wohl zutreffendste Erklärung seines Zustandekommens gibt das Herrenwort der Lukaspassion „Sehnlichst habe ich danach verlangt, dieses Mahl vor meinem Leiden mit euch zu halten" (Lk 22,15). Bevor sein Tod, wie Jesus voraussah, die jahrelange Weg- und Lebensgemeinschaft mit seinen Gefährten zerriss, wollte er ihnen noch ein Zeichen seiner unzertrennlichen Verbundenheit mit ihnen geben. Das konnte am sinnvollsten und effektivsten dadurch geschehen, dass er dem immer schon als Ausdruck orientalischer Gastfreundschaft verstandenen Mahl eine besondere, ihn höchst persönlich betreffende Note verlieh, von der die als älteste geltende, aber auch schon kultisch überarbeitete paulinische Überlieferung berichtet:

In der Nacht, als er verraten wurde, nahm er Brot, sprach das Dankgebet, brach das Brot und sagte: Das ist mein Leib für euch. Tut dies zu meinem Gedächtnis! (1 Kor 11,23 f)

Der aramäischen Grundbedeutung dieses Segenswortes zufolge bedeutet es: „Das bin ich für euch." Mit der Geste des Brotbrechens, die unmissverständlich seinen bevorstehenden Tod symbolisiert, gibt er den Teilnehmern zu verstehen, dass er „von nun an" (Mk 14,45) seine irdische Existenz in Raum und Zeit aufgibt, um in ihnen und tendenziell in allen ihm in Glaube und Liebe Zugewandten auf- und fortzuleben. In diesem Abschiedsmahl ereignet sich somit der Übergang von seiner Lebensgeschichte zu seiner Wirkungsgeschichte. Er hört für die Teilnehmer auf, so bei ihnen zu sein, wie sie ihn bisher gehabt haben (Mk 14,7), und beginnt – wie Paulus versichert – als „lebendigmachender Geist" in ihnen gegenwärtig und wirksam zu werden (1 Kor 15,45). Dass dieses Zeichen formbestimmend für die Zukunft der Christenheit sein muss, betont der paulinische Bericht durch den Zusatz:

So oft ihr von dem Brot esst und von dem Kelch trinkt, verkündet ihr den Tod des Herrn, bis er kommt. (1 Kor 11,26)

Wer dagegen so wie der im Auftakt erwähnte Verräter unwürdig und ohne zu bedenken, dass es um den Leib des Herrn zu tun ist, isst und trinkt, zieht sich dadurch das Gericht zu (1 Kor 11,29). Deutlicher konnte in der „Dynamik des Anfangs" *(Anton Vögtle)* und dessen Terminologie die Personalpräsenz Jesu bei der Feier des Herrenmahls kaum zum Ausdruck gebracht werden. Im unmittelbaren Anschluss an diesen Bericht erinnert Paulus seine korinthischen Neophyten daran, dass sie sich als Heiden mit Gewalt zu den „stummen Götzen" fortreißen ließen (1 Kor 12,2). Im beglückenden Gegenzug dazu seien sie jetzt vom Geist Christi erfüllt, der sie durch seine Charismen zu Worten der Weisheit, der Erkenntnis, des Glaubens und der prophetischen Rede, zu deren Auslegung und zur Unterscheidung der Geister inspirierte (1 Kor 12,4–11). Sein Ziel erreicht der Apostel aber erst dadurch, dass er durch die vielfache Wiederholung der Formel „in Christus" seinen Adressaten zu verstehen gibt, dass sie seit ihrer Bekehrung vom fortlebenden Christus wie von einer pneumatischen Sphäre umgriffen, gleichzeitig aber auch, wie die gegensinnige Formel betont, von ihm durchdrungen und erfüllt sind. Im Kern seiner Unterweisung steht demnach das Motiv der Einwohnung Christi im Herzen der Seinen, wie es dann seine Schule in aller Form mit dem Gebetswunsch zum Ausdruck brachte:

dass Christus durch den Glauben in euren Herzen wohne, und dass ihr in der Liebe fest verwurzelt und begründet seid. (Eph 3,17)

Das entspricht vollauf der Intention des Einsetzungswortes „Das bin ich für euch", sofern Jesus darin seinen Willen bekundete, die individuelle Seinsweise in Raum und Zeit aufzugeben, um in den Seinen auf- und fortzuleben. Umgekehrt legt er mit dem Brotwort beim Abschiedsmahl den Grund für dieses Zentralmotiv seines Fortlebens in den Seinen und damit seiner mystischen Wirkungsgeschichte. Damit sichert er ihnen seine bleibende Verbundenheit mit ihm zu, vorausgesetzt, dass sie, wie ihnen der Johannesevangelist einschärft, die Verbundenheit untereinander wahren. Denn ihre Liebesgemeinschaft ist die Voraussetzung seiner Anwesenheit in ihnen. Mit ihr aber öffnet er sein Lebenswerk in die Zukunft hinein.

Zitternd und zagend

Kaum hat Jesus die Grenze göttlicher Allgegenwart berührt, sieht er sich auch schon auf die Not der Stunde zurückgeworfen und mit der auf ihn lauernden „Macht der Finsternis" (Lk 22,53) konfrontiert. Den Auftakt bildet die eindringliche Mahnung:

Simon, Simon, der Satan hat verlangt, euch wie Weizen sieben zu dürfen. Ich aber habe für dich gebetet, dass dein Glaube nicht wanke. Du aber stärke deinerseits deine Brüder! (Lk 22,31 f)

Angesichts der von allen Referenten geschilderten Verleugnung des Petrus (Mk 14,66–72; Lk 22,56–62; Mt 26,69–75; Joh 18,17–27) fragt *Ludger Schenke,* ob das Gebet Jesu für ihn nicht vergeblich gewesen sei, doch dies nur aufgrund der durchgängigen Fehlübersetzung von „deinerseits", das entgegen der aramäischen Bedeutung gerade nicht mit „wenn du dich bekehrt hast" wiedergegeben werden darf. Die Stelle aus dem johanneischen Nachtragskapitel, die in der dreimaligen Befragung „Liebst du mich?" auf die dreimalige Verleugnung durch Petrus anzuspielen scheint (Joh 21,15 ff), ist dann als liturgische Stilisierung des Jesus-Wortes und die Betroffenheit des Petrus als Reaktion auf die dreimalige Befragung nach seiner Liebe zu verstehen.

Angesichts der Frage, wie es denn überhaupt zur Verleugnungsszene kommen konnte, wird man sich an die rigorose Abfuhr erinnern müssen, die sich Petrus mit seinem Versuch, Jesus vom Leidensweg abzuhalten, eingehandelt hatte:

Weg von mir, Satan, geh mir aus den Augen; denn du hast nicht
das im Sinn, was Gott will, sondern das, was Menschen wünschen.
(Mk 8,33)

Das Wort rückt Petrus in unmittelbare Nähe zu dem wiederholt mit dem Satan in Verbindung gebrachten Judas (Joh 6,70)
und dadurch mit der Zelotenbewegung, die Jesus nach einem
Hinweis des Johannesevangelisten (Joh 6,15) sogar „mit
Gewalt" für ihre Sache zu gewinnen suchte. Im größeren
Kontext erscheint Petrus überdies in der Rolle des Versuchers, der (nach Lk 4,13) nur „für eine gewisse Zeit" von
Jesus abgelassen hatte, um ihn zu gegebener Stunde erneut
anzufallen.

Unter dieser Drohung überschreitet Jesus mit der Jüngergruppe (nach Joh 18,1) den Bach Kidron, um sich zu seinem
Rastplatz Getsemani (Mt 26,36) zu begeben. Dort lässt er
seine Vorzugsjünger Petrus, Jakobus und Johannes ein Stück
weit zurück, während ihn Furcht und eine sich bis zum Ekel
steigernde Angst befällt, nachdem er seinen Jüngern erklärte:

Meine Seele ist zu Tode betrübt; bleibt hier und wacht! (Mk 14,33 f)

Dann wendet er sich an den Vater mit der inständigen Bitte:

Abba, Vater, dir ist alles möglich. Nimm diesen Kelch von mir!
Doch nicht wie ich will, sondern wie du willst. (Mk 14,36)

Während die Jünger in einen Tiefschlaf versinken, erscheint
dem Geängstigten (nach der textkritisch zweifelhafen Zu-
satzbemerkung Lk 22,43 f) ein ihn bestärkender Engel, während Blutschweiß von ihm auf die Erde tropft. Außer der

engelhaften Tröstung bleibt sein Gebetsruf unerhört, sodass er wie ein Vorgriff auf seinen dem 22. Psalm entnommen Notschrei am Kreuz „Mein Gott, mein Gott, warum hast du mich verlassen" (Mk 15,34) erscheint. Das aber ist keinesfalls, wie *Rudolf Bultmann* vermutete, ein in die Nacht von Golgota hinausgeschrieener Verzweiflungsschrei, da Jesus nach der richtigeren Deutung *Hans Blumenbergs* seine Not gerade dem klagt, von dem er sich verlassen fühlt. Die ihn zwar nicht mehr erreichende, aber für den Fortgang seines Lebenswerks entscheidende Antwort gibt der die Hinrichtung überwachende Centurio, der unter dem Eindruck seines Sterbens in die Worte ausbricht:

Wahrhaftig, dieser Mann war Gottes Sohn! (Mk 15,39)

So gesehen gerät Jesus in Getsemani in die Macht der Finsternis, die vollends auf Golgota über ihn hereinschlägt, aber schon durch die lückenlose Gottestreue des Geängsteten überwunden wird. Was das für die Würdigung der Todesangst Jesu bedeutet, sagt *Blaise Pascal* in seiner Meditation „Le Mystère de Jésus":

Bis ans Ende der Welt dauert die Agonie Jesu; solange darf man nicht schlafen.

Für *Pascal* ist Getsemani ein die gesamte Weltgeschichte durchwaltendes Ereignis, auf das mit äußerster Wachsamkeit geachtet werden muss. Damit nimmt er, was die Gegenwart betrifft, drei Prognosen vorweg, die auf denselben Grundton abgestimmt sind: Die des englischen Dichters *Wystan Hugh*

Auden, der die Gegenwart als das „Zeitalter der Angst" bezeichnete, die des Existenzphilosophen *Karl Jaspers,* der den heutigen Menschen von einer „so noch nie da gewesenen Lebensangst" begleitet sieht, und die der Dichterin *Gertrud von le Fort,* welche die Titelfigur ihrer Meisternovelle „Die Letzte am Schafott" sogar in aller Form der Todesangst Jesu zuordnete und sich in ihr den rettenden Umschlag von Entsetzen und Schwäche in den todüberwindenden „Beweis des Geistes und der Kraft" ereignen ließ. Während *Georg Wilhelm Friedrich Hegel* in der Euphorie der französischen Revolution noch den Sinn des Zeitgeschehens im „Fortschritt im Bewusstsein der Freiheit" erblickte, deuten diese Prognosen übereinstimmend in die Gegenrichtung, da die Angst durch ihre Beengung *(angustia)* alle Initiativen lähmt und daher, wenn überhaupt, dann nur im Blick auf den überwunden werden kann, der am Schluss der johanneischen Abschiedsreden versichert:

In der Welt habt ihr Angst; doch fasst Vertrauen: Ich habe die Welt überwunden! (Joh 16,33)

Wie aber kam es denn zu dem unfassbaren Umschwung vom triumphalen, in der symbolischen Besitzergreifung des Tempels gipfelnden, Einzug Jesu zu seinem furchtbaren Ende am Rebellenkreuz? Darüber kann nur die Vorgeschichte und der Ablauf des Verhörs Auskunft geben.

Das Verhör

Es muss den Sanhedrin wie ein Schock getroffen haben, als der auf der Flucht vor seinem Landesherrn begriffene Volksheld nach einem spektakulären Durchzug durch Jericho (Mk 10,46) plötzlich, von seinen Anhängern enthusiastisch begrüßt, in Jerusalem auftaucht und nach einem triumphalen Einzug vom Tempel Besitz ergreift, um dort für eine symbolisch bedeutsame Zeit die Opferhandlungen zu unterbrechen und einer neuen Frömmigkeit des Gebets (Mk 11,17), nach dem Johannesevangelisten „im Geist und in der Wahrheit" (Joh 4,23), das Wort zu reden. Da er beim Einzug demonstrativ ein ungerittenes Eselsfüllen benutzte (Lk 19,30) und damit jeder kriegerischen Aktion eine unüberhörbare Absage erteilte (Lk 19,38), brachte er das vom Hohen Rat erstrebte, höchst instabile Gleichgewicht zwischen Volksstimmung und römischer Besatzung zusätzlich ins Wanken. Was die für die religiöse Ordnung Verantwortlichen aber noch weit heftiger traf, war sein Eingriff in den Tempeldienst, der das traditionelle Glaubensverständnis in Frage stellte und dadurch ein religiöses Chaos heraufzubeschwören schien. Das erforderte eine unverzügliche Gegenmaßnahme, die durch eine eiligst einberufene Sitzung eingeleitet wurde, in der nach Johannes das politische Kalkül den Ausschlag gab:

Wenn wir ihn gewähren lassen, werden alle an ihn glauben. Dann werden die Römer eingreifen und uns die heilige Stätte und das Volk wegnehmen. (Joh 11,48)

Über das faktische Vorgehen gibt der Matthäusevangelist Bescheid:

Um diese Zeit versammelten sich die Hohenpriester und Ältesten im Palast des Hohenpriesters mit Namen Kaiphas und beschlossen, Jesus mit List in ihre Gewalt zu bringen, um ihn zu töten: Sie sagten aber: Keinesfalls am Fest, damit kein Aufruhr im Volk entsteht. (Mt 26,3 ff)

In dieser Verlegenheit erreicht sie das Anerbieten des von Jesus enttäuschten Judas, nach einer Gelegenheit zu suchen, wie er Jesus, ohne vom Volk bemerkt zu werden, an sie ausliefern könne (Lk 22,3–6). Diese Gelegenheit bot sich ihm in der von Jesus im Gebetskampf von Getsemani verbrachten Nacht, in der er Jesus mit einem Kuss identifiziert, aber von diesem mit dem Wort schockiert wird:

Freund, also dazu bist du gekommen (Mt 26,50);
mit einem Kuss verrätst du den Menschensohn! (Lk 22,48)

Ohne nennenswerten Widerstand seiner Anhänger wird Jesus daraufhin gefesselt und abgeführt. Dabei sind diese durch das Ausbleiben jeder irdischen oder gar himmlischen Hilfe derart bestürzt, dass sie ihn alle im Stich lassen und fliehen, wobei sich ein nur mit einem Hemd bekleideter Jüngling, der ihm nachgehen wollte, nur dadurch der Verhaftung entziehen konnte, dass er unter Preisgabe des Hemdes nackt entflieht (Mk 14,51 f). Unverzüglich bringt das Verhaftungskommando Jesus zu dem im hohenpriesterlichen Palast bereits versammelten Sanhedrin und hier zu einer tumultuarisch verlaufenden Verhörszene mit eiligst aufgebotenen Belastungszeugen, die aber durch ihre widersprüchlichen Aussagen den zudem ohne Protokollanten durchgeführten Prozess nahezu zum Scheitern bringen (Mk 14,55–59). In diesem Augenblick rettet der Hohepriester die verfahrene Situation durch einen ingeniösen Einfall. Er tritt ostentativ in die Mitte der Szene und fragt den Angeklagten:

Hast du nichts zu dem, was diese gegen dich vorbringen, zu sagen? Er aber schwieg und gab keine Antwort. Da wandte sich der Hohepriester nochmals an ihn mit der Frage: Bist du der Messias, der Sohn des Hochgelobten? Jesus antwortete: Ich bin es. Und ihr werdet den Menschensohn zur Rechten der Macht sitzen und auf den Wolken des Himmels kommen sehen. Da zerriss der Hohepriester sein Gewand und rief: Wozu brauchen wir noch Zeugen! Jetzt habt ihr seine Gotteslästerung gehört. Wie lautet euer Urteil? Sie waren einstimmig der Meinung: er ist schuldig und muss sterben. (Mk 14,60–64)

Die Szene ist zweifellos im Sinn der Ostererfahrung der Gemeinde hochstilisiert. Obwohl ihre Historizität von christlicher Seite vielfach bestritten wurde, hielt *Martin Buber* an der Möglichkeit der Rekonstruktion eines historischen Kernbestands fest, den er mit den Worten umschreibt:

„Wer bist du?" ist er nun selbst gefragt worden, wie er einst die Jünger fragte, wer er sei, er aber, mit fernen Augen, antwortet dem Sinn nach: „Ihr werdet den sehen, der ich werden soll. Er sieht ihn jetzt: ich bins. Er sagt es nicht, aber es gibt Hörer, die es zu hören meinen, weil sie ihn, den Sehenden, sehen".

Wie *Buber* ebenso behutsam wie konsequent andeutet, stößt Jesus mit dieser Schau seiner künftigen Entrückung eine Blickbahn auf, in die die Zeugen seiner österlichen Erscheinungen eintreten, sofern nun auch sie den Sehenden sehen. Für die Verstehbarkeit dieser alle Erfahrungswerte und Kategorien sprengenden Visionen ist dieser Ansatz von kaum zu überschätzender Bedeutung. Denn er bestätigt die Annahme, dass sich das Verhältnis Jesu zum Tod und zu dem ihm diesen auferlegenden Gott auf seinem Todesweg, vor allem aber auf dessen in der Verhörszene erreichten Höhepunkt, entscheidend wandelte und dass er sich gerade in dieser Szene definitiv als Gottessohn begriff und bekannte. Insofern spricht alles für die von Buber angenommene substanzielle Historizität der Szene, während sich die Annahme einer nachösterlichen Rekonstruktion *(Gerd Theissen)* zu einer Verlegenheitslösung verflüchtigt.

Die Totenklage

Zweifellos ist es das Verdienst *Johann Sebastian Bachs*, dass die Passionsgeschichte Jesu entgegen dem wachsenden Glaubensverlust noch weithin, selbst in nichtchristlichen Kreisen, in Erinnerung blieb. Dabei ergibt sich bei dem dafür hauptverantwortlichen Werk, der Matthäuspassion, eine überraschende Inkonzinnität. Während er den Text, schon dem Titel zufolge, dem Matthäusevangelium entnimmt, folgt der

Grundzug des Werkes der Lukaspassion, die als einzige von der ihm durch die ihn auf seinem Kreuzweg begleitenden Frauen ausgerichtete Totenklage berichtet. Sie wird vermutlich von Maria von Magdala, der ersten der im Gefolge Jesu genannten Frauen (Lk 8,2), angeführt, die ebenso an der Spitze der bei der Kreuzigung „von weitem" zusehenden Frauen (Lk 23,43) und bei Johannes schließlich als erste Osterzeugin erscheint (Joh 20,11–18). Bach stimmt sich auf den Klagegesang der Frauen schon mit dem Eingangschoral des Werkes „Kommt, ihr Töchter, helft mir klagen" ein, und er beschließt es im selben Sinn, wenn der Schlusschor mit den Worten „Wir setzen uns mit Tränen nieder", die „heiligen Gebeine" Jesu beklagt, ganz so, als gäbe es für ihn keine materielle Auferstehung. Der Lukasevangelist berichtet:

Als sie Jesus hinausführten ..., folgte ihm eine große Menschenmenge, darunter auch Frauen, die um ihn klagten und weinten. Jesus wandte sich zu ihnen und sagte: „Ihr Töchter Jerusalems, weint nicht um mich, sondern über euch und eure Kinder. Denn es kommen Tage, an denen man sagen wird: Wohl den Unfruchtbaren, die nicht geboren und gestillt haben. Dann wird man zu den Bergen sagen: Fallt über uns, und zu den Hügeln: Deckt uns zu! Denn wenn das am grünen Holz geschieht, was wird dann erst dem dürren zustoßen?" (Lk 23,26–31)

Hier geschieht annähernd Gleiches wie bei der Szene in Betanien, in der Jesus die Königssalbung in die Salbung zu seinem Begräbnis umgewandelt hatte, nur im umgekehrten Sinn: Er gibt die Totenklage an die Klagefrauen als die ihrer noch ungleich mehr Bedürftigen zurück. Dabei richtet sich sein Blick über den Untergang Jerusalems hinaus auf weitere Weltkatastrophen. So sieht es die Apokalypse, wenn die sich vor dem Sturz der Sterne in Höhlen versteckenden Könige und Mächtigen im Sinn seiner Ankündigung zu den Bergen und Felsen sagen:

Fallt auf uns und verbergt uns vor dem Anblick dessen, der auf dem Thron sitzt und vor dem Zorn des Lammes; denn der große Tag ihres Zornes ist gekommen. Wer kann da bestehen? (Apk 6,15ff)

Das dehnt die Prognose Jesu auf den ganzen Geschichtsgang aus. Der auf den „Fortschritt im Bewusstsein der Freiheit" gerichtete Weg durch die Geschichte führt die Völker, gerade auch nach dieser optimistischen Einschätzung *Georg Wilhelm Friedrich Hegels*, immer wieder auf die „Schlachtbank" von Kriegen und Katastrophen. Für die Apokalypse endet dieser Weg zwar im Licht der endzeitlichen, tränenlosen Gottesstadt; doch steht das Weltgeschehen für sie ausschließlich im Zeichen des Gerichts und der darin waltenden Rache. Deshalb sperrte sich das christliche Bewusstsein auch jahrhundertelang gegen ihre Aufnahme in den Kanon ihrer heiligen Schriften. Über das von Unheil und Katastrophen gekennzeichnete Weltgeschehen trauert die in der Matthäuspassion erklingende Totenklage nicht; worüber dann?

Sie trauert, unüberhörbar, darüber, dass auch der Heiligste, der je über die Erde ging, den Tod erleiden musste und damit über die Todverfallenheit alles Lebendigen und insbesondere der Menschen in dieser Welt. In dieser kontingenten und, mit

Paulus gesprochen, „der Nichtigkeit unterworfenen" Welt sind die Menschen, zusammen mit allen Lebenden, dadurch am schmerzlichsten vom Stachel der Vergänglichkeit getroffen, dass sie leiden und sterben müssen. Nach dem Spruch des *Anaximander* zahlen sie dadurch einander „Buße für das Unrecht" ihres jeweils mit dem Recht des andern streitenden Daseins. In diesem Lebens- und Sterbensraum herrscht die „Trauer der Welt", die *Günter Eich* angesichts der unbrauchbar gewordenen Dinge in seinem Gedicht „Schuttablage" ebenso eindrucks- wie beziehungsvoll beschwor: ein melancholischer Abgesang auf den von der Industriewelt als „Restmüll" weggeworfenen Abraum; doch:

> *Wo sich verwischt die goldene Tassenschrift*
> *im Schnörkel von Blume und Trauben,*
> *wird mir lesbar, – o wie es mich trifft:*
> *Liebe, Hoffnung und Glauben.*
>
> *Ach, wer verfügte zu bitterem Scherz*
> *so die Scherben zusammen?*
> *Durch die Emaille wie durch ein Harz*
> *wachsen die Brennesselflammen.*

Hier, aus der technischen Nutzung entlassen, sinken die Dinge bis auf jenen Grund, der nach *Gertrud von le Fort* „ein göttlicher" ist. Dort leuchten sie in ihrer von der Nutzung überdeckten Grundbedeutung auf, die sich nach *Günter Eich* ins Bild des flammendurchbohrten Herzens verfasst. Danach besteht der Ursinn des Daseins, wie er in dem von Eich entworfenen Bild aufleuchtet, in der unter der vergänglichen Schöpfung und ihrer Nichtigkeit leidenden Liebe. Unterschwellig berührt sich Eichs Intuition mit der exzessiven Deutung des Kreuzestodes Jesu am Ende des Hebräerbriefes. Im Blick auf den Ritus, die Körper der Opfertiere außerhalb der Stadt zu verbrennen, heißt es dort:

Deshalb hat auch Jesus, der das Volk durch sein eigenes Blut heiligen wollte, außerhalb des Stadttors gelitten. Lasst uns deshalb vor das Lager hinausziehen, um seine Schmach mitzutragen. (Hebr 13,12 f)

Danach erging es Jesus wie den unbrauchbar gewordenen und weggeworfenen Dingen auf der Schuttablage. Ausgestoßen und geächtet von einer Gesellschaft, die ihn zunehmend als Fremdkörper und Störfaktor empfand, endet er als Ausgegrenzter auf der Hinrichtungsstätte jenseits des Stadttors. Doch gerade dort leuchtet etwas auf, was alle Erwartungen und Vorstellungen sprengt. Wie sich auf der Schuttablage die Scherben zum Bild eines flammendurchbohrten Herzens zusammenfügen, wird im Todesschrei des Gekreuzigten der Anruf der „Liebe bis zum Äußersten" hörbar. Hier blüht, im Anschluss an *Georg Wilhelm Friedrich Hegel* gesprochen, die Rose im Zentrum des Kreuzes auf. Hier scheint auf dem Tiefpunkt des Leidens das „Haupt voll Blut und Wunden" auf, zu dem der Beter des Passionslieds von *Paul Gerhardt*, von seinem Blick getroffen, grüßend aufschaut. Doch entspricht dem auch etwas in der von *Bach* zur Totenklage stilisierten Matthäuspassion? Und vor allem: Wie reagiert Jesus selbst auf seine Ausstoßung aus der menschlichen Gemeinschaft, auf den von ihm auf schrecklichste Weise erfahrenen Undank der Welt und auf seine Verlassenheit von Gott und den Menschen (Mt 27,46)? Im Vorgriff auf die letzte Verlautbarung Jesu geht *Bach* auf das Ende Jesu mit der Bitte ein:

Mache dich, mein Herze, rein,
Ich will Jesum selbst begraben;
Denn er soll nunmehr in mir für und für
Seine süße Ruhe haben.
Welt, geh' aus, lass Jesum ein!

Ziel der Passion Jesu und der auf ihn abgestimmten Totenklage ist danach das heute weithin in Vergessenheit geratene Motiv seiner Einwohnung im Herzen der Seinen. Übertönt wird dieser Ausklang von Bachs „Klagegesang" jedoch von der Antwort, die Jesus nach dem Bericht des Evangelisten selbst auf den von ihm erlittenen Undank gibt:

Jesus aber schrie noch einmal laut auf und hauchte den Geist aus.
(Mt 27,50)

Damit stimmt er in die von den Frauen begonnene und von Bach weltweit verstärkte Totenklage ein und führt sie zu Ende.

Der Todesschrei

Mit dem „noch einmal" weist die Matthäuspassion auf das (nach Mk 15,34) „mit lauter Stimme" hinausgeschrieene Gebetswort „Mein Gott, mein Gott, warum hast du mich verlassen?" (Ps 22,2) zurück, das sich jedoch schon als Zitat, erst recht aber auch aus situativen Gründen als sekundäre Bildung erweist. Ungeachtet dessen stellte es die Interpreten immer schon vor die Frage, ob sich darin eine Verzweiflung des Sterbenden oder eine letzte Hingabe an seinen Gott Ausdruck schaffte. Die Rückbezüglichkeit des Ausrufs lässt aber keinen Zweifel daran, dass sein Sprecher, entgegen einer pessimistischen Einschätzung durch *Rudolf Bultmann*, die Not seiner Gottverlassenheit gerade dem klagt, von dem er sich verlassen fühlt, sodass er nur als Ausdruck eines bis zum Äußersten gespannten Gottvertrauens verstanden werden kann. Aus situativen Gründen, wie sie sich dem Hinweis auf die nur „aus der Ferne" zusehenden Frauen ergeben (Mk 15,40), kommt dem Psalmwort aber ebenso wenig eine historische Relevanz zu wie den übrigen Kreuzesworten Jesu, sodass als gesicherte Information über sein Sterben nur der das Gebets- und Klagewort übertönende und in seiner durchdringenden Lautstärke weithin und darum auch den in der Ferne stehenden Frauen hörbare Todesschrei gelten kann (Mk 15,37). In seiner unartikulierten Vieldeutigkeit fordert dieser Schrei wie keines der artikulierten Jesusworte zur Deutung heraus; denn nach allen Begleitumständen ist er ebenso Schmerzens- wie Entsetzensschrei; nicht weniger aber auch Freuden- und Siegesschrei; denn anders wäre die Reaktion des die Hinrichtung überwachenden Centurio nicht zu erklären:

Als der Hauptmann, der ihm gegenüberstand, ihn so schreiend sterben sah, rief er: Wahrhaftig, dieser Mensch war Gottes Sohn! (Mk 15,39)

Als Schmerzensschrei hat dieser letzte und alles übertönende Aufschrei zu gelten, weil die ganze ihn beelendende und anwidernde Qual über ihn hereingebrochen war, die er in seinem Gebetskampf in Getsemani befürchtet hatte (Mk 14,33 f). Doch verschärfte sich dieser Ausdruck der erlittenen Qual noch zu dem Entsetzensschrei über eine Welt, die er „Wohltaten spendend" durchschritten hatte (Apg 10,38), und die ihm diese hilfreiche Zuwendung mit dem grausamsten Undank vergalt. Doch damit war der Tiefpunkt auch schon durchschritten, sodass die Obertöne des Todesschreies hörbar werden konnten. Aus ihnen sprach die Gewissheit, dass „das Maß der Leiden" *(Florestan)* erfüllt und das Ziel des Lebenswerkes gerade auf dem Passionsweg erreicht war. So verwandelte sich der Notschrei in der ihm vom Johannesevangelisten abgewonnenen Sicht in den Freuden- und Siegesschrei des Ausrufs „Es ist vollbracht!" (Joh 19,30).

In seinem Theorem von der „großen Stimme" verstand das *Nikolaus von Kues* als die Krönung der die gesamte Weltzeit durchziehenden Gottesoffenbarung. Wenn er in der Schlusswendung seine Aussage versichert, dass die Gottesstimme „nach einer Reihe von Modulationen", die zeigen, dass von der göttlichen Liebe unter allen Dingen das Schrecklichste, der Tod, gewählt werden müsste, einen „großen Schrei ausstieß und verschied", erreicht die Gottesoffenbarung auch für ihn im Todesschrei Jesu ihren Höhe- und Endpunkt. Unausdrücklich nimmt er mit der Erwähnung der in alledem agierenden Liebe das Offenbarungswort auf dessen Sprecher zurück, der sich in seinem Wort ebenso wie in seinem Handeln und Leiden verständlich macht und sich so als Inbegriff der Gottesoffenbarung erweist.

Die Erhörung

Nach dem ältesten von Matthäus übernommenen Kreuzigungsbericht des Markusevangelisten stirbt Jesus mit einem auch den „aus der Ferne" zuschauenden Frauen hörbaren Todesschrei, der von den Umstehenden als Hilferuf an den Nothelfer Elija verstanden wird (Mk 15,35; Mt 27,47 ff) und als solcher auch für die Interpretation die Frage nach seiner Beantwortung aufwirft. Nach Matthäus reagieren die Umstehenden zwiespältig: Die einen, indem ihm einer von ihnen einen Essigtrunk verabreicht (Mt 27,48); die anderen mit dem Zuruf: „Lass doch; wir wollen sehen, ob Elija kommt!" (Mt 27,49) Indessen geschieht nichts. Vielmehr stirbt Jesus, ohne dass sich der Himmel geöffnet oder dass sich die inzwischen zur Besinnung gekommene Jüngergruppe zu einer Befreiungsaktion aufgerafft hätte.

In diese Fragesituation greift der Hebräerbrief mit einer im Notschrei des Gekreuzigten gipfelnden Kurzformel der Lebensgeschichte Jesu ein, die nach der *lectio difficilior* in der ungeheuerlichen Behauptung der Erhörung seines Notschreis gipfelt:

In den Tagen seines Erdenlebens brachte er unter lautem Wehgeschrei und Tränen Bitten und Flehrufe vor den, der ihn vom Tod erretten konnte; und er ist erhört und aus seiner Todesnot befreit worden. (Hebr 5,7)

Da jede himmlische und menschliche Hilfe ausbleibt, kann sich die behauptete Erhörung nur auf das Gottesverhältnis Jesu beziehen, das jetzt die schon auf seinem Todesweg einsetzende entscheidende Wandlung erfährt. Wie sich dort sein Gottes- und Todesverständnis dahin gelichtet hatte, dass ihm Gott nicht mehr als der Herr über Leben und Tod und dieser nicht mehr als die ihm wie allen Lebenden auferlegte Zumutung erschien, sondern als Ansinnen und Anmutung, ja sogar als Impuls zu deren Annahme, sodass ihm der Tod zur Einladung ins Vaterhaus wurde (Lk 15,18 ff), so nun in letzter extremer Steigerung auch hier. Zwar war das ihm in den Mund gelegte Psalmwort (Ps 22,2) keinesfalls der von *Rudolf Bultmann* vermutete Verzweiflungsschrei, da er seine Not nicht einem leeren Himmel, sondern, wie *Hans Blumenberg* festhielt, gerade dem klagte, von dem er sich verlassen fühlte. Da sich aber keine der angesprochenen Erwartungen erfüllte, fielen alle traditionellen Attribute wie insbesondere die der Allmacht und Barmherzigkeit aus seinem Gottesbild heraus.

Denn wäre Gott für ihn noch allmächtig, so hätte er diesen Tod nicht zulassen *können*; wäre er barmherzig, so hätte er ihn nicht zulassen *dürfen*. So blieb ihm nur, mit *Gertrud von le Fort* gesprochen, die „Wüste der nackten Gottheit". Das kam aber keinesfalls einer Schwächung, sondern der äußersten Intensivierung seines Gottesverhältnisses gleich. Gott antwortete auf seinen Notschrei nicht mit einem wie auch immer erwarteten Rettungserweis, sondern, wie es jetzt allein noch denkbar ist, mit sich selbst. Er antwortete, indem er den Sterbenden in seine ewige Lebensfülle und damit ins Vaterhaus seiner Liebe aufnahm, indem er seinen Schmerz in Freude, sein Entsetzen in den größten aller Triumphe, sein Erliegen in den Sieg über die Todesgewalt und sein Leiden in die krönende seiner Aktionen verwandelte.

Er antwortete, indem er ihn vom Tod erweckte, und dies, wie die spätere Vertauschung von „Auferweckung" zu „Auferstehung" verdeutlicht, sogar so, dass diese als seine eigene Großtat erschien. Der „verwundete Arzt" hatte sich, wie es in der Antrittsrede Jesu in Nazaret bereits angeklungen war (Lk 4,23), selbst geheilt. Demnach ereignete sich die Auferstehung Jesu nicht erst, wie die symbolische Zählung der narrativen Ostergeschichten will, am „dritten Tag", dem Tag des göttlichen Eingriffs jenseits aller menschlichen Erwartung, sondern, dem johanneischen „consummatum est" zufolge, bereits am Kreuz.

Die Auferstehung

Ereignisse wie die Auferstehung sind wie Blitze, durch welche die wahre, höhere Geschichte in die bloß irdische hereinbricht, versichert *Friedrich Wilhelm Joseph Schelling* in seiner „Philosophie der Offenbarung" und trifft damit zweifellos den Kern des für die Entstehung des Christentums grundlegenden Ereignisses, nicht jedoch die tatsächliche Art dieses „Einbruchs". Auf sie verweist vielmehr die einschränkende Bemerkung der Apostelgeschichte, wonach die Erscheinungen des Auferstandenen

nicht dem ganzen Volk, sondern nur den von Gott vorherbestimmten Zeugen (Apg 10,41)

galten. Daran entzündete sich schon die Kritik des heidnischen Rhetors *Kelsos*, der gegen die christliche Osterbotschaft einwandte, dass Christus zwar in seiner Erniedrigung am Kreuz der breiten Öffentlichkeit sichtbar gewesen, als angeblich Auferstandener jedoch nur von einem eingeschworenen Jüngerkreis und einem „halbverrückten Weib" gesehen worden sei. Doch diesem Vorwurf sah sich wohl schon der „johanneische Kreis" *(Oscar Cullmann)* ausgesetzt, der sich dessen (nach Joh 14,22 ff) mit dem Hinweis erwehrte, dass nur Liebende den „zur Liebe bis zum Äußersten" (Joh 13,1) Gewordenen zu sehen vermochten.

Zwar ist damit das Erkenntnisproblem der Auferstehung schon in seiner ganzen Schärfe aufgerissen, doch ändert sich dadurch nicht das Geringste daran, dass sie als der „Angel-

und Drehpunkt des ganzen Christentums" *(Ulrich Wilckens)* zu gelten hat, und dies gerade auch angesichts gegenläufiger Marginalisierungstendenzen im Erscheinungsbild der Gegenwartstheologie. Denn ohne die Auferstehung Jesu hätte nicht der geringste Grund bestanden, der Lebensgeschichte und dem Wirken dieses scheinbar total Gescheiterten und nach jüdischer Ansicht überdies von einem göttlichen Fluch Belasteten (Gal 3,13; 2 Kor 5,31), nachzugeben, seine Reden in Kollektionen zu sammeln und auf dieser Basis schließlich Evangelien zu verfassen. Ohne Auferstehung wäre von Jesus somit kaum mehr bekannt als das, was antike Historiker wie *Tacitus* und *Sueton* von ihm berichten, wäre es weder zur Gemeinde- und Kirchenbildung gekommen, von dem von ihr ausgehenden Anstoß zur Orts- und Weltmission (Mt 28,18; Mk 16,15) ganz zu schweigen.

Um so dringender stellt sich nun das Problem ihrer Erkennbarkeit, und dies schon deshalb, weil die von der Apostelgeschichte vermerkte Einschränkung auf den Kreis der „von Gott vorherbestimmten Zeugen" (Apg 10,40) gegen das Gebot der allgemeinen Verifizierbarkeit und jederzeitigen Nachprüfbarkeit, das schon *Kelsos* im Auge hatte, verstößt. Dazu kommt eine im Grunde auf *Hermann Samuel Reimarus* zurückgehende Beobachtung. Danach bilden die Evangelien bis zum Kreuzestod Jesu ein relativ geschlossenes Bild. Mit der Auferstehung splittert dieses jedoch in einer geradezu surrealistischen Weise auf, da sich die Angaben über Ort und Zeit einschließlich der Erscheinungsweise des Auferstandenen ständig widersprechen.

Doch das Christentum steht wie jede andere Religion nicht auf dem Boden der Fakten-, sondern der Zeugniswahrheit. Und es entspricht so der Struktur der allgemeinen Wahrheitsfindung und Weltorientierung. Dabei spielt das allgemein Verifizierbare und jederzeit Nachprüfbare nur eine verschwindende Rolle im Vergleich mit dem aus fremder Bezeugung Übernommenen. Eine Ausnahme gäbe es nur, wenn fremdes Zeugnis die Qualität von Selbsterfahrenem gewinnen könnte. Das aber ist exakt der Fall des Osterzeugen Paulus.

Paulus betont mit Nachdruck, dass er seine Botschaft nicht fremder Belehrung, sondern einer „Offenbarung Jesu Christi" verdanke (Gal 1,12), also der zu seiner Lebenswende führenden Damaskusvision. Zwar berichtet er in der Korrespondenz mit Korinth von der ihm überlieferten Zeugenliste (1 Kor 15,3–8), der er sich, eher zurückhaltend, als „Letzter" anfügt. Doch hatte er zuvor mit Emphase gefragt:

Bin ich nicht frei? Bin ich nicht Apostel? Habe ich nicht Jesus, unseren Herrn gesehen? (1 Kor 9,1)

Im Widerspruch zu der narrativen Darstellung der Apostelgeschichte (Apg 9,1–8; 22,6–11; 26,13–18) entfaltete Paulus dieses Gesehenhaben in seine akustische, optische und haptische Perspektive, doch ohne dabei auf äußere Begleiterscheinungen einzugehen. Akustisch im Galaterbrief, wonach ihm Gott „in seiner Güte seinen Sohn offenbarte" (Gal 1,16); optisch in der Korrespondenz mit Korinth, wonach er das im Glanz der Gottherrlichkeit erstrahlende Antlitz Christi schaute (2 Kor 4,6), und haptisch im Philipperbrief, wonach er in jener Stunde so von Christus ergriffen worden sei, dass er fortan nur noch von dem Wunsch durchdrungen war, den seinerseits zu ergreifen, der ihn ergriffen und überwältigt hatte (Phil 3,12). Wenn er gleichzeitig darauf abhebt, dass darin – und nicht in fremder Belehrung – der Kern seiner Botschaft besteht, setzt er damit ein diakritisches Signal, das um so höher zu veranschlagen ist, als die in seinen Briefen wiedergegebene Lehre eine Fülle von Anleihen aus der für seinen Werdegang wichtigen antiochenischen Gemeindetradition aufweist.

Doch wie kann dieses Zeugnis so angeeignet werden, dass es die Qualität einer Selbsterfahrung gewinnt und so dem allgemeinen Verifikationsanspruch genügt? Die Antwort, so paradox sie klingen mag, kann nur lauten: Durch den Glauben! Darauf ist die christlich gestaltete und dadurch besonders hervorgehobene Glaubensformel des Römerbriefs abgestimmt:

Wenn du mit deinem Mund Jesus als den Herrn bekennst und in deinem Herzen glaubst, dass Gott ihn von den Toten auferweckt hat, wirst du gerettet. Denn mit dem Herzen glaubt man zur Gerechtigkeit, und mit dem Mund bekennt man zum Heil. (Röm 10,9)

Der betont vorangestellten Bekenntnispflicht liegt, wenngleich unausdrücklich, der Anspruch auf allgemeingültige Wahrheit des Bekannten zugrunde. Gerechtfertigt wird dieser Anspruch dadurch, dass das paulinische Glaubenszeugnis, das den Glauben prinzipiell als Auferstehungsglauben ausweist, das Damaskuserlebnis des Apostels spiegelt und ihm in den strukturellen Grundzügen entspricht. Wie Paulus (nach Gal 1,16) das Geheimnis des Gottessohnes ins Herz gesprochen wurde, glaubt auch der Glaubende in seinem Herzen, dass Jesus in einer ihm zugeeigneten Weise von den Toten auferweckt wurde. Seine gläubige Zustimmung setzt voraus, dass ihm das geglaubte Ereignis zum Lebenszentrum wurde. So begreift er den Geglaubten als den ihm hingegebenen und sich ihm hingebenden Gottessohn (Gal 2,20); so spiegelt sich in ihm das Herrlichkeitsbild des Auferstandenen (2 Kor 3,18), und so besteht er letztlich in dem Versuch einer sich ständig steigernden Aneignung des ihn Ergreifenden und von ihm im Glauben Ergriffenen (Phil 3,12). Angesichts der für die allgemeine Bewusstseinsbildung und die lebenspraktische Kommunikation geltenden Bedingungen muss dabei nur ständig bedacht werden, dass der Großteil menschlichen Wissens nicht auf eigene Forschung, sondern auf die Akzeptanz fremden Wissens zurückgeht. Davon macht die Glaubensgewissheit um so weniger eine Ausnahme, als sie letztlich auf die in der Glaubensgemeinschaft gewonnene zurückgeht.

Auferstanden, aber wohin?

Mit gutem Grund stand bisher die Frage „Auferstanden, aber woher?" im Vordergrund der Diskussion um die Auferstehung Jesu. Denn seit der in seiner Betrugshypothese gipfelnden Radikalkiritik des *Hermann Samuel Reimarus* will der Verdacht nicht mehr verstummen, dass die Auferstehung Jesu mit Hilfe betrügerischer Manipulationen seines frustrierten Jüngerkreises von diesem vorgetäuscht worden sei, obwohl Reimarus nur die Behauptung des Betrugs, nicht aber diesen selbst glaubhaft machen konnte *(Gerd Lüdemann).* Schlimmer noch ist es um die neuerdings kolportierte Behauptung bestellt, wonach Jesus, scheintot, in der Kühle des Grabes aufwacht, von Maria von Magdala gesund gepflegt, dann kurzfristig dem Jüngerkreis vorgeführt worden sei, um sich mit ihr dann entweder in Richtung Rom oder Kaschmir abzusetzen, weil Jesus damit, zumindest passiv, an diesem weit gravierenderen Betrug beteiligt gewesen wäre. Deshalb kann nur mit allem Nachdruck daran festgehalten werden, dass der Kreuzestod Jesu, paradox genug, die bestbezeugte und auch von den antiken Historikern bestätigte Tatsache seines Lebens ist. Wenn *Johann Albrecht Bengel* meinte, dass der Tod Jesu erst durch sein Grab vollends „ratifiziert" worden sei, gilt das schon für die Nachricht von seiner, wie nun betont werden muss, tödlich endenden Hinrichtung. Insofern hat die Frage nach dem „Woher" ihre unbestreitbare Berechtigung.

Doch dieser Fragespur widersetzt sich das von *Hans Kessler* in Erinnerung gerufene Engelwort:

Sucht den Lebenden nicht bei den Toten! (Lk 24,5),

das vom Auftrag des Auferstandenen an Maria von Magdala verdeutlicht wird:

Ich steige auf zu meinem Vater und zu eurem Vater, zu meinem Gott und eurem Gott! (Joh 20,17)

Seitdem kommt die Alternativfrage nach dem „Wohin" des Auferstandenen nicht mehr zur Ruhe. Sie klingt noch in den österlichen der geistlichen Lieder des *Novalis*, unterschwellig bewogen von seinem Erlebnis am Grab seiner Braut *Sophie von Kühn*, nach:

> *Ich sag es jedem, dass er lebt*
> *Und auferstanden ist,*
> *dass er in hohen Lüften schwebt*
> *und ewig bei uns ist.*

Dabei war die Aufhebung der Duplizität von Oben und Innen schon von der hermetischen Formel der mittelalterlichen Gottesspekulation vorweggenommen worden:

Gott ist die unendliche Sphäre, deren Umkreis nirgendwo und deren Zentrum überall ist.

Sie entspricht vollauf dem Surrealismus der Osterberichte, die kein Oben und Unten, Hier und Dort, Jetzt und Danach, sondern nur die Anwesenheit des Auferstandenen kennen. Und sie entspricht erst recht dem paulinischen Osterzeugnis, nach dem das Ziel der Auferstehung (nach Gal 2,20; Eph 3,17) eindeutig in der Einwohnung Christi im Herzen der Seinen besteht.

Die Denkbarkeit

Der Denkbarkeit dessen steht indessen eine Barriere entgegen, die durch das gebrochene Verhältnis der Menschen zum Tod gezogen ist. Auf der einen Seite entdeckt er beim Versuch, das eigene Sterben zu denken, dass er sich, wie es dabei erforderlich wäre, nicht wegdenken kann, da bei diesem Versuch, abgesehen vom Grenzfall des Nirwana, stets der zurückbleibt, der ihn unternimmt. Auf der anderen Seite setzt ihm der Todesgedanke eine unübersteigbare Schranke. Zwar gilt das große Wort, mit dem *Franz Rosenzweigs* „Stern der Erlösung" beginnt:

Vom Tode, von der Furcht des Todes hebt alles Erkennen des All an.

Doch muss diese Feststellung unverzüglich durch eine zweite ergänzt werden:

Alles Erkennen geht an der ihm durch die Todesfurcht und den Todesgedanken gesetzten Grenze zu Ende.

Daran gemessen erweisen sich die üblichen Jenseitserwartungen durchweg als illusionär. Das gilt schon für den Versuch antiker Herrscher, sich, wie im alten Ägypten, durch die Mitnahme des Hofstaats oder, wie in China, einer ganzen Leibgarde, ein komfortables und abgeschirmtes Jenseits zu sichern. Und es gilt erst recht von dem heute bevorzugten Verfahren, von den als „Nahtoderlebnissen" geltenden Grenzerfahrungen Sterbender aus Schlüsse auf die Existenz oder gar die Erlebniswelt eines Jenseits zu ziehen. Da es sich beim vergeblichen Versuch, sich wegzudenken, um ein intellektuelles Unvermögen handelt, ist hierin der Grund für den illusionären Charakter dieser Jenseitsphantasien zu suchen. Denn dabei kommt dieses vermeintlich positiv zu wertende Unvermögen in Konflikt mit dem „dunklen Bescheid des Sterbenmüssens" (Eugen Biser), der aus dem Fundus der „großen Vernunft" des Leibes (Friedrich Nietzsche) unablässig an die kleine des rationalen Intellekts ergeht. Das freilich, wie dem hinzuzufügen ist, nicht nur in der zunächst bedrohlichen, sondern ebenso in der tröstlichen Form, wie sie sich in den „Nahtoderfahrungen" spiegelt.

Im Hinblick darauf haben sämtliche Berichte von Totenerweckungen, von den mythischen angefangen bis zu den biblischen, als abkünftig, legendär und illusionär zu gelten. Das trifft, um nur den spektakulärsten Fall herauszugreifen, sogar auf die vom Johannesevangelium berichtete „Auferweckung des Lazarus" (Joh 11,11–44) zu, die sich bei genauerer Beleuchtung als zeichenhafte Vorwegnahme der Auferstehung Jesu erweist. Damit stellt sich die Frage nach deren exakter Bestimmung.

Die einzig angemessene Antwort lautet: Die Auferstehung Jesu ist das Niedagewesene in aller Menschheitsgeschichte, das Unerhörte in allen Traditionen, das Umstürzende aller Erfahrungswerte und der Umbruch aller Denkbarkeit. Zwar war vor Ostern, wie Gerd Lüdemann betonte, bereits all das vorhanden, was nach Ostern endgültig erkannt wurde; doch hob erst Ostern das Vorhandene ans Licht, sodass es überliefert, verkündet, gesammelt und dokumentiert werden konnte. Ostern ist, wie gegen alle Nivellierungstendenzen festgehalten werden muss, der Eckstein, mit *Ulrich Wilckens* gesprochen, der „Angel- und Drehpunkt" des ganzen Christentums. Wer daran nicht festhält, verliert das Christentum mit seiner ganzen Leucht- und Überzeugungskraft. Auf das Problem der Denkbarkeit bezogen aber besagt das, dass es außergewöhnlicher und die normale Erfahrungswelt sprengender Impulse bedurfte, um der Auferstehung überhaupt zu bewusstseinsbildendem Durchbruch zu verhelfen.

Der entscheidende Anstoß ging zweifellos vom Zeugnis derer aus, die ihre exzeptionelle Erfahrung wie Maria von Magdala und Paulus in den Satz zusammenfassten:

Ich habe den Herrn gesehen. (Joh 20,10; 1 Kor 9,1)

So sehr dabei, gerade auch aus paulinischer Sicht, Einzelpersonen im Vordergrund standen, liegt doch das Schwergewicht auf kollektiven Ostererscheinungen *(Bernd Seidensticker)*. Dabei nennt Paulus in seiner grundlegenden Zeugenliste (1 Kor 15,3–8) außer dem Zwölfer- und Apostelkreis vor allem die Fünfhundert, von denen bei Abfassung seiner Zeugnisse, „die meisten noch lebten, aber einige schon entschlafen" waren (1 Kor 15,6). Zwar wird diese Erscheinung vor einer großen Jüngergemeinde von einigen Exegeten in Galiläa lokalisiert *(Ludger Schenke)*; doch sprechen die stärkeren Gründe für ihre Gleichsetzung mit dem Pfingstereignis.

Dabei fällt schon die Annahme ins Gewicht, dass ein derart spektakuläres Ereignis schwerlich ohne Spuren in den übrigen Schriften bleiben konnte. Ausschlaggebend sind jedoch zwei Motive. Zunächst wird das Pfingstgeschehen im Rückschluss von Massenerscheinungen als kollektives Ostererlebnis lesbar. Zwar wird der Auferstandene von der Pfingstgemeinde nicht gesehen; doch teilt er sich ihr als „lebendigmachender Geist" (1 Kor 15,45) mit seinen Charismen in Form einer kollektiven Ekstase mit. Selbst die (nach Apg 2,12) „außer sich geratenen" Festpilger werden in dieses Erlebnis mit hineingerissen. Als Zweites drängt sich dann aber eine Neueinschätzung des Pfingstgeschehens auf. Wenn der johanneische Jesus den Seinen in Aussicht stellt, dass er sie nach nur kurzer Entrückung wiedersehen werde (Joh 16,16–22), so ist dabei nach dem Wortlaut zunächst an die Zeitspanne zwischen dem grausamen Entrissenwerden des Bräutigams (Mk 2,20) durch den Kreuzestod und dem österlichen Wiedersehen gedacht; doch wurde die Zeitspanne in problematischer Dehnung ihrer „Kürze" schon von *Augustin* auf die Zeit bis zur Parusie bezogen. Dagegen spricht jedoch schon die von der Urgemeinde nur schwer verwundene Parusieverzögerung (2 Petr 3,3f), erst recht aber die Kürze der von Jesus genannten Frist. Die sich nun geradezu aufdrängende Lösung besteht in der Deutung des Pfingstgeschehens als zeitgeschichtliche Wiederkunft Christi, die sich dann aber nicht auf das Gericht, sondern auf sein Kommen als Beistand der (nach Joh 17,4–19) in der hasserfüllten Welt verbliebenen Jüngergemeinde bezieht. Zwar gestaltet sich ihr Schicksal (nach Joh 16,8–11) auch zum Gericht, dies jedoch in dem von *Georg Wilhelm Friedrich Hegel* behaupteten Sinn, wonach die

Weltgeschichte „das Weltgericht" ist. Indessen wird diese Sicht von der des Apostels Paulus überstrahlt, der in der Geschichte den Siegeszug Christi durch die Zeiten erblickt (1 Kor 15,23–28; 2 Kor 10,3–6). Auch diese Sicht lebt letztlich vom Zeugnis derer, die wie die den Christenglauben tragenden Osterzeugen „den Herrn gesehen" haben. Doch was bekamen sie in ihrer – ekstatischen – Schau tatsächlich zu Gesicht?

Auferstanden, aber wie?

Im großangelegten Kapitel über die Auferstehung Jesu und der Toten (1 Kor 15,1–56) geht Paulus auch auf die „törichte" Frage ein:

Wie werden die Toten erweckt, was für einen Leib werden sie haben? (1 Kor 15,35),

um sie dann doch eingehend zu beantworten. Dabei stellt er die Unvergleichlichkeit und Analogielosigkeit des Auferstehungsleibes heraus, um schließlich, begründend, auch auf die Seinsweise des Auferstandenen mit der typologisch formulierten Erklärung einzugehen:

Wie der Erste Mensch zum leibhaften Lebewesen geworden ist, wurde der Zweite Mensch zum lebendigmachenden Geist. (1 Kor 15,45)

Damit durchstreicht er alle Vorstellungen von einer quasi-empirischen Fortexistenz Christi und damit auch das dem antiken und mittelalterlichen Weltkonzept entnommene Bild von seinem Thronen im Zenit dieses dreistufigen Aufbaus, der inzwischen ohnehin von dem wissenschaftlich allein noch haltbaren eines ständig expandierenden Universums ohne Oben und Unten überwunden und abgelöst wurde. Nahtlos fügt sich diese Bestimmung der Seinsweise des Auferstandenen der symbiotischen Vorwegnahme dessen im Brotwort des letzten Abendmahls an (1 Kor 11,24), mit dem Jesus seine empirische Existenz in Raum und Zeit aufgibt, um in den Seinen als mystisches Lebenszentrum auf- und fortzuleben. Dabei wahrt er nicht nur seine Personalität; vielmehr erreicht seine Personalisation erst jetzt in vollem Umfang ihr Ziel. Von Anfang an bewegte sich diese, verglichen mit der üblichen, auf der Gegenspur. Denn diese wird dadurch gewonnen, dass sich das zu sich selbst erwachende Ich von Anderen, also der Mitwelt und dem als „Um-Welt" verstandenen Anderen unterscheidet.

Wie es um die Selbstwerdung Jesu bestellt ist, zeigt dagegen schlaglichtartig die von *Søren Kierkegaard* ins Zentrum seiner Christologie gerückte Szene des Massenabfalls nach der Brotrede in der Synagoge von Kafarnaum (Joh 6,60–66). Die Abwendung, ja panische Flucht derer, denen sich der Helfer in seiner Einladung an die Bedrückten und Beladenen (Mt 11,28) mit der Zusage „Ich bin das Brot des Lebens" (Joh 6,45–48) als Lebensinhalt angeboten hatte, verfremdet den Anbieter zur Passionsgestalt:

O, mit offenen Armen dazustehen und „kommt her!" zu sagen, – und dann fliehen alle und fliehen nicht nur, sondern fliehen, weil sie Anstoß genommen haben: O, Heiland der Welt zu sein!

Wenn Gott, wie gesagt wird, Menschen braucht, um seine Ziele zu erreichen, gilt von Jesus, dass er Menschen braucht, um er selbst zu sein. Ihr Glaube an ihn ist sein Selbstbewusstsein in ihnen. Was sich lebensgeschichtlich in seinem Umgang mit den Zöllnern und Sündern, den „Erniedrigten und Beleidigten" seiner Gesellschaft *(Fjodor M. Dostojewskij)*, mit den Armen, Kranken und seiner Zuwendung besonders Bedürftigen anbahnte, wird nun mehr formbestimmend für sein Verhältnis zu den ihm in Glaube und Liebe Verbundenen.

Die Erkennbarkeit

Mit der Frage nach dem „Wie", also der Seinsweise des Auferstandenen ist unabdingbar die seiner Erkennbarkeit aufgeworfen. Wenn die Bestimmung der Seinsweise zutrifft, ist ein gegenständliches Sehen des Auferstandenen, wie es durchschnittlicher Wahrnehmung entspricht, ausgeschlossen. Zwar suggeriert das Traditionszeugnis, das Paulus bei seiner Beantwortung der von der Gemeinde von Korinth an ihn gerichteten Anfrage erstattet (1 Kor 15,3–8), oberflächlich genommen, ein solches Sehen; doch korrigiert Paulus diese irrtümliche Annahme durch den von ihm gebrauchten, zwischen passivisch (er wurde gesehen) und deponential (er ließ sich sehen) oszillierenden Schlüsselbegriff *(ophthê)*. Denn diese Vokabel impliziert außer dem Moment der Wahrnehmung auch das des „Widerfahrnisses" *(Willi Marxsen)*, sodass sie ein Sehen aufgrund eines vorgängigen Gesehenseins zum Ausdruck bringt. So entspricht es auch *Martin Bubers* Deutung der Verhörszene, die, zugespitzt formuliert, in der Annahme gipfelt, dass Jesus mit seiner Antwort „Ihr werden den sehen, der ich sein werde" eine Blickbahn aufstößt, in welche die Zeugen der Ostervisionen eintreten. Sie sehen, weil sie vom Blick des Auferstandenen getroffen sind, der sie in seine Optik hineinnimmt. Und sie können sehen, weil sie ihm, wie der Johannesevangelist ergänzend hinzufügt, in Liebe verbunden sind. Denn auf die aus dem Jüngerkreis an ihn gerichtete Frage,

Warum willst du dich nur uns offenbaren und nicht der (ganzen) Welt? (Joh 14,22),

antwortet Jesus unmissverständlich mit dem Hinweis auf die sein Wort bewahrende und damit seine Präsenz ermöglichende Liebe (Joh 14,23f). Daran scheitern die seit *Kelsos* und *Hermann Samuel Reimarus* unternommenen Versuche, aus dem auf den Jüngerkreis, also aus dem auf die Liebenden beschränkten Zeugenkreis ein Argument gegen die Auferstehung herzuleiten. Doch was besagt das für die Frage nach der Erkennbarkeit in grundsätzlicher, nicht nur auf die Situation der Zeugen bezogener Sicht?

Die Antwort darauf geben die drei kardinalen Fragen, die

Paulus im Ersten Korintherbrief, präludierend für das Auferstehungskapitel, stellt:

Bin ich nicht frei?
Bin ich nicht Apostel?
Habe ich nicht Jesus, unseren Herrn, gesehen? (1 Kor 9,1),

und mit denen er seine Schau des Auferstandenen an sein Grundmotiv, die Freiheit (Gal 5,1) zurückbindet. Mit Freiheit ist aber zugleich der Ermöglichungsgrund von Erkennen und Sehen angesprochen. Nur unter der Bedingung der Freiheit kann etwas als etwas erkannt und als solches gesehen werden. Sie ist der erkenntnistheoretische Grund der Ostervisionen. Wie der Glaube (Röm 10,9) ist auch sie die Bedingung für deren analogen Mitvollzug. Wenn auch keiner im selben Sinn wie der „Letzte" (1 Kor 15,8) Osterzeuge werden kann, ist Paulus doch alles daran gelegen, jeden Glaubenden an seiner Erfahrung teilnehmen zu lassen. Das bezieht sich insbesondere auf sein optisches Zeugnis:

Gott, der sprach: aus Finsternis erstrahle Licht, er hat es auch in unserem Herzen tagen lassen zum strahlenden Aufgang der Gottherrlichkeit auf dem Antlitz Jesu Christi. (2 Kor 4,6).

Denn kurz zuvor erklärt er in einer nicht weniger grundlegenden Aussage:

Der Herr ist der Geist, und wo der Geist des Herrn waltet, da ist Freiheit. Wir alle aber spiegeln mit enthülltem Angesicht die Herrlichkeit des Herrn und werden von Klarheit zu Klarheit in

dasselbe Bild verwandelt, wie es dem Geist des Herrn entspricht.
(2 Kor 3,17f)

Wenn nicht faktisch, so doch als Möglichkeit, greift in diesem
Satz die Vision des Apostels über auf die, die „im Glauben
leben, nicht im Schauen" (2 Kor 5,7) und die er doch, so weit
es angeht, in seine Evidenz hineinnehmen möchte. Wie die
überfrachtete Gestalt des Satzes zeigt, laboriert er hier mit
einem Sprachproblem, das, auf seinen Kern zurückgeführt,
die Frage nach der Versprachlichung des „Niedagewesenen"
aufwirft. Für das, was in der menschlichen Erfahrungswelt
noch nie der Fall war – die Überwindung des Todes –, gibt es
zunächst noch keine Bezeichnung und keinen sprachlichen
Ausdruck. Doch mit dem Osterzeugnis des Paulus ist auch
die Suche danach auf exemplarische Weise verbunden. Im
akustischen Zeugnis des Galaterbriefs spricht er, noch allgemein, von „Offenbarung" (Gal 1,16). Im Christushymnus des
Philipperbriefs tritt an die Stelle dieser Vokabel der Begriff
der „Erhöhung (Phil 2,9). Doch erst im dritten Anlauf stellt
sich das Begriffspaar „Auferweckung" und „Auferstehung"
ein, vermutlich im Rückblick auf die in den Makkabäer-
kriegen entwickelte Vorstellung von der endzeitlichen Auferstehung der Toten, insbesondere der Märtyrer jener Ver-
folgungsjahre.

Wenn man die zunehmende Verdichtung im Fortgang des
paulinischen Osterzeugnisses ins Auge fasst, die sich von
Hören (Gal 1,16) über Sehen (1 Kor 9,1; 2 Kor 4,6) bis zu
Ergriffenwerden (Phil 3,12) steigert, wird man sogar eine Ent-

sprechung mit der zunehmend dichteren und präziseren Verbalisierung des Ostergeschehens entdecken. Indessen lässt das Osterzeugnis des Apostels auch noch eine weitere Tendenz erkennen. So sehr ihm am Zeugnis einzelner – Kephas, Jakobus, seiner selbst – gelegen ist, hebt er doch mit unverkennbarer Betonung auf kollektive Ostererfahrungen wie des Zwölferkreises, sämtlicher Apostel und der Fünfhundert, „von denen die meisten noch am Leben, einige aber schon entschlafen sind" (1 Kor 15,5 ff), ab. Ihm ist angelegen, sein Ostererlebnis durch die Einbeziehung ähnlicher Zeugen auf eine möglichst breite Basis zu stellen. Im Licht seiner Schule besehen, die vom Heranwachsen aller zum Vollalter Christi spricht (Eph 4,13), geht es ihm aber dabei um die Bestimmung des zentralen, für ihn nur kollektiv zu denkenden Glaubenssubjekts. Doch was entspricht dem, österlich gesehen, also hinsichtlich der Frage des Fortlebens Christi im Herzen und zumal in der Gemeinschaft der Seinen?

Das Selbstbewusstsein

Seine Spitzenaussage erreicht das paulinische Auferstehungskapitel in der Aussage, dass Christus, der „Zweite Mensch", zum „lebendigmachenden Geist" geworden sei (1 Kor 15,45). In dieser Knappheit ist sie aber noch ohne genauere Kontur. Mit dem Adjektiv „lebendigmachend" deutet sie aber immerhin an, dass der zum „Geist" Gewordene bewusstseinsbildend wirksam ist. Auf die Frage nach dem „Wie" antwortet in diesem Fall die von den Korinthern von Paulus erbetene Auskunft über die in der Gemeinde auftretenden Charismen:

Es gibt verschiedene Gnadengaben, aber nur den einen Geist. Es gibt verschiedene Dienste, aber nur den einen Herrn. Und es gibt verschiedene Kräfte, aber nur den einen, alles in allen bewirkenden Gott. Jedem teilt sich der Geist mit, und dies zum Nutzen aller. Dem einen verlieh der Geist die Weisheitsrede, dem anderen durch denselben Geist die Erkenntnisrede, einem dritten im gleichen Geist die Glaubenskraft, einem anderen in dem einen Geist die Heilkraft, einem weiteren die Wunderkraft, dem nächsten die prophetische Rede, wieder einem andern die Unterscheidung der Geister, noch einem andern die Zungenrede und schließlich einem die Gabe der Auslegung. Dies alles aber bewirkt der eine Geist, der seine Gaben einem jeden so zuteilt, wie er will. (1 Kor 12,4–11)

Von der Wucht und Intensität dieser Ausschüttung vermittelt der Auftakt einen Begriff, wenn Paulus seine Adressaten daran erinnert, dass sie sich, noch im Heidentum befangen, „mit Gewalt zu den stummen Götzen fortreißen" ließen (1 Kor 12,2). Wichtiger noch ist jedoch der Hinweis auf die Struktur des von ihm beschriebenen Bewusstseins. Denn der von ihm wiederholt gebrauchten Wendung „durch den einen Geist" zufolge muss der von ihm entfaltete Kosmos der Geistesgaben als ein in sich kreisendes Kooperationszentrum gedacht werden. Darauf hebt er mit dem Hinweis ab:

Wenn ein Glied leidet, leiden alle Glieder mit; wenn ein Glied geehrt wird, freuen sich alle Glieder mit. (1 Kor 12,26)

Damit bezieht er das charismatische Kooperationszentrum in sein Konzept des mystischen Leibes ein, und dies mit der Folge, dass es geradezu als dessen pneumatische Innenseite erscheint. Während er sich dort auf die Funktionsabläufe konzentriert, leuchtet er hier sein geistiges „Innenleben" aus. Wenn das aber zutrifft, nötigt es dazu, die von ihm aufgeführten Charismen in einem gegenseitigen Verweisungs- und Wirkzusammenhang zu sehen. Das gilt dann nicht nur für die Weisheits- und Erkenntnisrede, sondern ebenso für den Zusammenhang von Glaubens- und Wunderkraft, ebenso für den von Prophetismus und Glossolalie und für den von Unterscheidung und Auslegung. Angedeutet ist dann aber außerdem auch eine Affinität von Gaben der Erkenntnis, Diakritik und Hermeneutik und den praxisbezogenen Charismen wie Glaubens- und Wunderkraft. Einsicht, Zeugnis und Therapie sind für Paulus keine getrennten Welten, sondern integrale Äußerungen des von ihm beschworenen „einen Geistes". Bei aller Differenz der einzelnen Äußerungen waltet im Ganzen doch nur der eine, alles bestimmende und befeuernde Impuls, der die – nun ebenfalls als „mit- und hinreißend zu denkende – Wucht und Intensität des Ganzen ausmacht.

Voll ausgeleuchtet ist die Struktur jedoch erst, wenn das Reflexions- und Aktionszentrum dessen berührt wird, was Paulus den „lebendigmachenden Geist" nennt: der Quellgrund seines Selbstverhältnisses und Selbstverständnisses. Wenn es zutrifft, dass der Auferstandene in den Seinen zu sich selbst kommt, liegt darin das gesuchte Zentrum. Ihr

Glaube ist, um diese Formel nochmals aufzugreifen, sein Selbstbewusstsein in ihnen. Das aber kann nur als fortschreitender Aneignungs- und Entfaltungsprozess gedacht werden. Damit öffnet sich die Perspektive, die in die Zukunft des Begriffenen führt.

Der Fortgang

Paulus schwankt zwischen einer endzeitlich-futurischen und einer innergeschichtlich-progressiven Eschatologie. Zwar geht er mit einem in Antiochien umlaufenden Prophetenwort davon aus, dass Jesus, „wenn der Befehlsruf ergeht, wenn die Stimme des Erzengels und der Posaune Gottes erschallt, vom Himmel herabsteigen werde", um die Toten aufzuerwecken (1 Thess 4,15 ff; 1 Kor 15,51 f); doch setzt er diesem visionären Ausblick unverzüglich seine eigene zeitgeschichtliche Schau entgegen:

Er muss herrschen, bis Gott ihm alle Feinde unter seine Füße gelegt hat. Als letzter Feind wird der Tod vernichtet; denn „alles hat er unter seine Füße gelegt (Ps 8,7), ausgenommen der, der ihm alles unterworfen hat. Wenn ihm aber alles unterworfen ist, wird sich der Sohn selbst dem unterwerfen, der ihm alles unterworfen hat, damit Gott alles in allem sei. (1 Kor 15,25–28)

Damit ist, bis auf die Erwähnung des Todes, ein Rahmen gezogen, der inhaltlich gefüllt werden muss. Dafür bieten

sich unterschiedliche Modelle an. Als erstes das des Epheser-
briefs, der den Sinn des Zeitgeschehens im Heranwachsen
der Glaubensgemeinschaft zum Vollalter Christi erblickt
(Eph 4,13). Das erinnert an *Georg Wilhelm Friedrich Hegels*
Konzept des durch alle Rückschläge nicht aufzuhaltenden
Fortschritts im Bewusstsein der Freiheit, sofern dieses nicht
geradezu als Säkularisierung des ephesinischen Modells zu
gelten hat. Sicher lebt in ihm jedoch das dreistufige Ge-
schichtsmodell des *Joachim von Fiore* fort, das vom väterlichen
Zeitalter des Gesetzes über das vom Sohn bestimmte des
Glaubens dem im Zeichen des Geistes stehenden Zeitalter
der Weisheit, Liebe und Freiheit entgegenführt. Demgegenüber kehrt das jüngste Modell, das allerdings schon von
Motiven *Blaise Pascals* und *John Henry Newmans* eingegeben
ist, wieder zum ephesinischen Konzept zurück. In Form einer
Extrapolation des von *Gregor von Nyssa* entwickelten Gedan-
kens von dem Heranwachsen Christi in jedem einzelnen sieht
es den Sinn der Zeiten in einer „phylogenetischen" Wiederholung der von Jesus durchmessenen Stadien seiner Lebensgeschichte. Im Prinzip aber hatte das bereits Paulus vorweggenommen, als er sich als weihrauchspendenden Akoluth
den Siegeszug Christi begleiten sah (2 Kor 2,15), den er
gleichzeitig als Protagonist kämpferisch anführte; denn:

*Die Waffen, die wir einsetzen, sind nicht fleischlich, wohl aber
mächtig durch Gott, Bollwerke einzureißen und die sich gegen
die Gotteserkenntnis erhebenden Sinngespinste niederzuwerfen.
(2 Kor 10,4 f)*

Auf die sich geradezu aufdrängende Frage, welchem der erwähnten Modelle der Vorzug zu geben sei und für welches der gegenwärtige Stand der glaubensgeschichtlichen Entwicklung spricht, kann, bei aller gebotenen Zurückhaltung, nur differenzierend geantwortet werden. Am wenigsten gilt das für das von *Georg Wilhelm Friedrich Hegel* favorisierte des Fortschritts im allgemeinen Freiheitsbewusstsein, da sich die berufenen Sprecher in Philosophie, Wissenschaft und Kunst nicht einmal durch den spekulativen Aufbruch von 1989 zu einer zeitgerechten Freiheitsaussage veranlasst sahen. Angesichts der moralischen Kopflastigkeit im Erscheinungsbild der gegenwärtigen Christenheit spricht aber auch kaum etwas für eine Priorität des joachitischen Modells. Eher sind Tendenzen am Zug, die gegen den von Paulus im Galaterbrief erhobenen Protest das Christentum auf eine Gesetzesreligion zurückzustufen suchen.

In diesem Dilemma erhob die christliche Dichtung in *Gertrud von le Fort* ihre Stimme, um einen Ausweg aus der Aporie zu zeigen. Im Rückgriff auf *Blaise Pascal* und *John Henry Newman* plädierte sie für das lebensgeschichtliche Modell, das den Gang der Zeiten an den von Jesus durchmessenen Lebensstadien bemisst und durch sie bestimmt sieht. Danach stand die Welt am Vorabend der deutschen Katastrophe im Zeichen der Todesangst Christi und die durch den nationalsozialistischen Terror heimgesuchte Folgezeit im Zeichen seines gottverlassenen Sterbens. Nach Andeutungen der Dichterin dämmert nun aber in der Gegenwart das Frührot der Auferstehung Jesu herauf. Die Entstehung einer Zitadelle des

Friedens in Gestalt des sich einigenden Europas mutet wie eine Einlösung dieser Prognose an. Theologisch entspricht dem wenig. Doch gibt es Anzeichen dafür, dass sich der Trend zur Marginalisierung des Osterglaubens in sein Gegenteil umkehrt und die Auferstehung Jesu mit *Ulrich Wilckens* wieder als „Angel- und Drehpunkt" des ganzen Christentums begriffen wird. Doch das ist eine Zukunft, die, so sehr sie „schon begonnen" hat *(Robert Jungk)*, nicht einfach erwartet und hingenommen werden darf, sondern wie die des Gottesreiches herbeiersehnt und herbeigebetet werden muss. Denn das Christentum ist die Religion der Hoffnung, die (nach Röm 5,5) „nicht trügen kann, weil die Liebe Gottes in unsere Herzen ausgegossen ist". Deshalb kommt alles darauf an, sich „der Liebe anzuvertrauen, die Gott zu uns hegt" (1 Joh 4,16). Darin besteht unsere uns immer wieder neu bewegende und nie zu Ende gebrachte Aufgabe.

Literatur

Adorno, Theodor W.: Jargon der Eigentlichkeit, Frankfurt 1964.

Biser, Eugen: Dasein auf Abruf. Der Tod als Schicksal, Versuchung und Aufgabe, Düsseldorf 1981.

Biser, Eugen: Der Mensch – das uneingelöste Versprechen, Düsseldorf 1996.

Biser, Eugen: Die dichterische Daseinsdeutung Gertrud von LeForts, Regensburg 1980.

Biser, Eugen: Die Entdeckung des Christentums. Der alte Glaube und das neue Jahrtausend, Freiburg 2000.

Biser, Eugen: Die Überwindung der Lebensangst. Wege zu einem befreienden Gottesbild, München 1995.

Biser, Eugen: Glaubenserweckung. Das Christentum an der Jahrtausendwende, Düsseldorf 2000.

Buber, Martin: zwei Glaubensweisen, Zürich 1950.

Gögler, Rolf: Zur Theologie des biblischen Wortes bei Origenes, Düsseldorf 1963.

Hahn, Ferdinand: Frühjüdische und urchristliche Apokalyptik, Neukirchen-Vluyn 1988.

Heidegger, Martin: Der Spruch des Anaximander, in: Ders.: Holzwege, Frankfurt 1950, 293–343.

Jaspers, Karl: Die geistige Situation der Zeit, Berlin 1949 u. ö.

Miles, Jack: Jesus. Der Selbstmord des Gottessohnes [Christ. A Crisis in the Life of God], München 2001.

Mussner, Franz: Der Galaterbrief, Freiburg 1981.

Peterson, Erik: Der Brief an die Römer, Würzburg 1997.

Pfister, Otto: Das Christentum und die Angst. Mit einem Nachwort von Thomas Bonhoeffer, Frankfurt 1940.

Schelling, Friedrich Wilhelm Joseph: Philosophie der Offenbarung, Darmstadt 1955.

Schenke, Ludger: Die Urgemeinde. Geschichtliche und theologische Entwicklung, Stuttgart 1990.

Schnackenburg, Rudolf: Der Sinn der Versuchung Jesu bei den Synoptikern, in: Ders.: Schriften zum Neuen Testament. Exegese im Fortschritt und Wandel, München 1971, 101–128.

Vögtle, Anton: Herkunft und ursprünglicher Sinn der Taufperikope Mk 1,9–11, in: ders.: Offenbarungsgeschehen und Wirkungsgeschichte, Freiburg 1985.

Wasmuth, Ewald: Der unbekannte Pascal, Regensburg 1968.

Wilckens, Ulrich: Das Evangelium nach Johannes. (NTD), Göttingen 2000.

Wilckens, Ulrich: Theologie des Neuen Testaments 1, Neukirchen-Vluyn 2002.

Namenregister

Stellenregister

Altes Testament

Dan 7,14   24, 35

Ps 22   62
Ps 22,2   73, 76
Ps 8,7   98

Neues Testament

Mt 4,2 f   19
Mt 4,3   23
Mt 4,6   23
Mt 4,9   23
Mt 7,14   22
Mt 11,28   90
Mt 15,24   41, 50
Mt 16,13–20   43
Mt 16,15 ff   44
Mt 16,21   44
Mt 21,1–9   51
Mt 21,18   54
Mt 26,3 ff   65
Mt 26,6–13   55
Mt 26,36   61
Mt 26,50   65
Mt 26,69–75   60
Mt 27,46   72
Mt 27,47 ff   75
Mt 27,48   75
Mt 27,49   75

Mt 27,50   72
Mt 27,57–66   56
Mt 28,18   79

Mk 1,10–11   12
Mk 1,11   12
Mk 1,12   19
Mk 1,12 f   22
Mk 1,13   20, 23
Mk 1,15   25
Mk 1,22   53
Mk 1,27   26
Mk 2,12   42
Mk 2,16   36
Mk 2,18 f   41
Mk 2,19   25, 43
Mk 2,20   88
Mk 2,21 f   42
Mk 2,22   16, 26, 42
Mk 2,27   43
Mk 3,6   43